ALEXANDRA REINWARTH



# Kurz mal nicht nachgedacht BÄM glücklich!

ALEXANDRA REINWARTH

# Kurz mal nicht nachgedacht BÄM glücklich!

Wie sich dein Leben verbessert, wenn du aufhörst, dir unnötige Sorgen zu machen

YES

Originalausgabe
1. Auflage 2024

Türkenstraße 89, 80799 München
info@yes-publishing.de


Umschlaggestaltung: Isabelle Bühler
Illustrationen: Tobias Prießner
Redaktion: Stephanie Kaiser-Dauer
Layout und Satz: inpunkt[w]o, Wilnsdorf (www.inpunktwo.de)
Druck: CPI
Printed in the EU

ISBN Print 978-3-96905-320-1
ISBN E-Book (EPUB, Mobi) 978-3-96905-321-8
ISBN E-Book (PDF) 978-3-96905-322-5

Auf die Dauer der Zeit
nimmt die Seele die
Farbe der Gedanken an.

Marc Aurel

Ich denke, also bin ich.
Ich zerbreche mir den Kopf, also …
bin ich permanent mies
drauf, verdammt noch mal!

Frei nach Descartes

# INHALT

# VORWORT

Ich habe eine gute und eine schlechte Nachricht ...

Die schlechte: Die Mehrheit unserer täglichen Gedanken ist negativ, und das bringt uns auf die Dauer wirklich mies drauf. *Ich werde irgendwann aus der Wohnung fliegen und außerdem in Armut sterben, hätte ich damals nur den Mut gehabt, den Job in Hamburg anzunehmen, war das jetzt alles, was, wenn ich durch KI ersetzt werde, unser Sexleben war auch schon mal besser, das mit der Cellulite wird auch immer schlimmer und überhaupt – warum bin ich oft so schlecht gelaunt?*

Infolgedessen fühlen wir uns machtlos, erschöpft, gestresst – und wenn dann auch noch der Drucker kaputtgeht ... dann ist alles zu viel.

Die gute Nachricht ist: Das scheint normal – ist aber vollkommen überflüssig! Die meisten miesen Gedanken drehen sich um Dinge, die nie eintreten werden, schon vorbei sind oder auf die wir eh keinen Einfluss haben.

Es ist falsch, dass wir uns nur genügend Gedanken um etwas machen müssen, um ein Problem zu lösen. Es ist auch falsch, dass wir nur alle 3000 Optionen zu Ende denken müssen, um diese eine, perfekte Entscheidung zu treffen. Und es ist komplett daneben, sich den Kopf darüber zu zerbrechen, ob man in dem Gespräch gestern ausreichend freundlich rüberkam und ob einen Sandra jetzt leiden kann oder nicht. All das tun wir trotzdem. Unser Gehirn ist meisterhaft darin, uns permanent mit Ideen zu versorgen, worüber wir uns jetzt unbedingt den Kopf zerbrechen sollten, und immer gaukelt es uns vor, dass ETWAS TOTAL SCHLIMMES PASSIERT, wenn wir es ignorieren.

Lassen wir das sein. Es ist unnötig, es bringt uns nichts und das Leben ist wirklich viel, viel schöner, wenn man das nicht macht. Und es ist gar nicht so schwer – man muss sich nur trauen. Guckt …

# EINLEITUNG

Nur Jenny ist schlimmer als ich. Jenny ist der Super-GAU. Eine reizende Person, wirklich, aber wenn es eine Olympiade im Kopfzerbrechen gäbe, ich würde mein Erspartes auf Jenny wetten. Immer wenn ich sie sehe, kann ich mir ganz beruhigend einreden, dass es bei mir nicht ganz so schlimm ist. Das ist eine dufte Strategie, oder? Man kann immer jemanden kennen, bei dem oder der irgendwas noch schlimmer ist als bei einem selbst. Ich würde sogar sagen, es gibt ein paar Bekanntschaften in meinem Leben, die sind nur dazu da …

Meine Arbeitskollegin Luise zum Beispiel, mit der unterhalte ich mich sehr gerne an der Kaffeemaschine, wenn ich in der Agentur bin – die hat so ein dramatisches und problembehaftetes Liebesleben, das ist eine wahre Pracht. Das höre ich mir an und komme mir dann zwar etwas langweilig vor, aber freue mich insgeheim, dass ich die ganzen Luisenprobleme nicht habe. Eventuell bringt mir dieser Charakterzug keine Karma-Punkte, aber Zufriedenheit kommt vor Karma.

Jedenfalls, immer wenn ich Jenny treffe, wird mir die vollkommene Absurdität des Grübelns eindrucksvoll vorgestellt –

von Jenny selber. Sobald sie anfängt zu erzählen, was bei ihr gerade so los ist, blättert sie einen ganzen Katalog von Sorgen auf, die permanent in ihrem Kopf Runden drehen.

Jenny hat eigentlich Krankenschwester gelernt, macht aber jetzt ihren Master in irgendwas mit klinischer Biochemie, das ich nicht begreife. Sie lebt seit Jahren glücklich mit ihrem Freund zusammen, sie hat einen netten Freundeskreis, einen Dackel, sie geht regelmäßig joggen und ernährt sich gesund, sie sieht aus wie eine irische Fee, und von außen betrachtet ist eigentlich alles in Butter. Eigentlich.

Trotzdem ist Jenny immer, wenn wir uns sehen, *total gestresst.* »Alles ist zu viel« – das ist ihr häufigster Satz. Klar, denke ich mir, mal nebenbei einen Master hinlegen in was auch immer klinische Biochemie ist, ist bestimmt nicht ohne. Wenn sie dann aber erzählt, was sie so stresst, ist die Lernerei gar nicht das große Problem. Jennys Problem ist ein ganzer verquirlter Haufen an Problemen, die, und das ist der Clou, nicht existieren, noch nicht existieren und vielleicht gar nie existieren werden. Da ist Jennys Sorge, ob sie mit der Weiterbildung die richtige Entscheidung getroffen hat, ob sie den Abschluss schafft, was passiert, wenn sie ihn nicht schafft, warum sie überhaupt Jahre ihres Lebens als Krankenschwester verschwendet hat und nicht gleich nach Höherem strebte, wie ihr Leben verlaufen wäre, wenn sie einen anderen Weg genommen hätte, und warum sie sich generell mit Entscheidungen so schwertut und sich so viele Gedanken macht. Ob ihr Freund und sie wirklich eine Zukunft haben, warum er sie gestern so komisch angeschaut hat, ob sie eigentlich genug Sex haben, ob er dabei an andere denkt oder sie betrügen würde, wenn er betrunken wäre und sich eine andere Frau an ihn ranmachen würde. Ob sie die Kritik ihrer Freundin gegenüber lieber anders hätte formulieren sollen – und wie genau –, ob diese sie jetzt noch genauso mag und ob es nicht vielleicht ein Anzeichen dafür ist, dass das nicht der Fall ist, weil sie sich seit Tagen nicht gerührt hat. Ob sie genug für die Umwelt tut und ob das überhaupt einen Sinn hat, wie lange der Dackel noch lebt, ob sie zu Hause ist, wenn er stirbt, und ob sie danach jemals wieder einen Hund haben will und ob es vielleicht irgendein Zeichen des Universums ist, dass ihr schon zum dritten Mal das Fahrrad geklaut wurde.

Wenn Jenny mir diesen ganzen Wust von Gedanken vor die Füße legt, bin ich immer völlig platt – und unfassbar altklug. »Das ist doch alles hausgemacht und macht überhaupt keinen Sinn«, doziere ich total gescheit und kann es nicht fassen, dass Jenny das nicht selbst sieht. Für mich sieht das Ganze bildlich so aus:

**Jenny,
die sich keinen Kopf macht:**

**die ihren Master macht,
happy mit ihrem Freund ist,
Freunde und einen Dackel hat,
gesund lebt und
aussieht wie eine irische Fee.**

**Jenny,
die sich einen Kopf macht:**

**die ihren Master macht,
happy mit ihrem Freund ist,
Freunde und einen Dackel hat,
gesund lebt und
aussieht wie eine irische Fee.**

Ob sie sich einen Kopf macht oder nicht, ist völlig egal! Es hat null Auswirkungen auf ihr Leben. Nichts von dem, was ihr im Kopf herumgeht, nützt ihr irgendwas, bringt ihr neue Einsichten, führt zur Lösung eines Problems oder verändert etwas. Sie kann damit weder die Zukunft kontrollieren noch die Vergangenheit umschreiben oder vermeiden, dass der Dackel altert. (Allein das mit dem Fahrrad scheint mir naheliegend: Vielleicht sollte sie in ein gutes Schloss investieren.)

Das Einzige, was es ihr bringt, ist das Gefühl, gestresst zu sein. So, als müsste sie etwas erledigen, das nicht zu erledigen ist. Wer dieses Gefühl nicht kennt: Das ist so wie im Stau stehen, während man es total eilig hat.

»Es ist«, sagt Jenny, »als würde ich einen ganzen Strauß schwerer, dunkler Wolken an dicken Seilen hinter mir herziehen.« Und das kenne ich nur zu gut. Meine Hirnfürze haben zwar weniger mit Dackeln zu tun, aber sie machen genau das Gleiche, nämlich: mir das Leben schwer.

Erst gestern Nacht kurz vor dem Einschlafen habe ich wieder die Welt vor dem Untergang bewahrt. Ich habe mir Sorgen über die Klimaveränderung und den Rechtsruck in der Welt gemacht und ob die diversen Kriegsschauplätze bis zu uns reichen könnten und was dann zu tun ist – und habe mich prompt schlecht gefühlt, weil ich mich um mich und die Meinen sorge, anstatt als Erstes an das Elend der Leute vor Ort zu denken – aber jetzt habe ich es hinbekommen und das Problem ist gelöst. Außerdem konnte ich dank ausgiebiger Grübeleien darüber, ob ich einmal schwer krank werde und somit als Selbstständige in Armut und Elend ende, genau das endlich ausschließen. Und wenn ich jetzt noch ein paar Mal gedanklich meinen peinlichen Auftritt von Samstagabend Revue passieren lasse, dann verschwindet auch endlich der aus meinem Hirn.

Ihr ahnt es vielleicht: Genau das alles passiert nicht. Stattdessen passiert hinsichtlich Klima, Krieg und Krankheit und letztem Samstagabend (fragt nicht) genau: nichts. Also, es passieren schon Dinge, aber auf nichts davon haben die dunklen Wolken über meinem Hirn Einfluss. Worauf sie aber sehr wohl einen Einfluss haben, ist meine Stimmung …

Mir wurde das vor Kurzem wieder ganz klar, als ich in der Fußgängerzone vor einer Schaufensterscheibe stehen blieb: In dem Geschäft und um mich herum waren jede Menge Leute in Feierabendlaune, Familien mit Kindern und Einkäufen, ausgelassene Teenager – sogar der verzottelte Mann mit Hund, der neben dem Eingang um Geld bettelte, war in alberner Stimmung. Nur mein Spiegelbild war ein 1,68 Zentimeter hoher Haufen Trübsal, mit Mundwinkeln bis zu den Kniekehlen und einer Denkfalte, tief wie der Marianengraben. Man verstehe mich nicht falsch, jede hat mal einen schlechten Tag und auch einige richtig beschissene, manchmal ist man schlecht drauf, und das ist auch alles gar nicht schlimm. Aber ich habe das Gefühl, es herrscht zu oft so eine Schwere, die auf allem (also auf mir) lastet. Eine Art Grund-Trübheit, ein dunkler Schleier, der mich umhüllt, und wenn ich mit sorgloser Leichtigkeit konfrontiert bin, sehe ich ihn umso deutlicher. Ich war doch auch mal so leicht?

Und das Absurde ist: Dabei geht es mir doch gut! Ich habe einen Job, ein Dach über dem Kopf, ein gesundes Kind, einen reizenden Freund, der Kühlschrank ist voll und es läuft so weit alles prima! Sogar der Drucker läuft wieder! Komisch, dass ich mir das immer wieder in Erinnerung rufen muss, um die Wolken zu vertreiben und zu verstehen, wie verdammt gut dran ich eigentlich bin.

Was Jenny und mir so extrem konsequent die Stimmung verhagelt, hat laut Expertenmeinung etwas mit der Art unserer Gedanken zu tun. Also nicht nur unserer, sondern generell der Gedanken, die sich die Leute so machen: Im Durchschnitt geistern uns zirka 6200 Gedanken am Tag durchs Hirn, hat ein kanadisches Forscher-Duo mittels Hirn-Scans herausgefunden[1], und das absolut Deprimierende daran ist: Nur ungefähr 3 Prozent davon sind positiv! Ein kleiner Teil, 27 Prozent, ist unwichtiger Alltagsquatsch *(Wie viele Kalorien hat eigentlich Mettwurst?)*, und sagenhafte *70 Prozent* unserer Gedanken sind negativ. 70 Prozent!

Diese 70 Prozent sind es, die uns die Stimmung verhageln. Jetzt könnte man sagen: Gut, dieser Großteil kümmert sich eben um unsere Probleme und versucht, sie gedanklich zu lösen – aber nein: Wir drehen uns mit Vorliebe um Probleme und Sorgen, die entweder *nie* oder zumindest *nicht so* eintreten werden, und um Dinge, die in der Vergangenheit liegen und die wir eh nicht mehr ändern können. Also kurz gesagt: um nichts und wieder nichts.

Das Hirn hat auf unser Wohlbefinden und unsere Gefühle eine immense Wirkung – und wir lassen es einfach machen, was es will. Und was das Gehirn will, ist mitnichten, uns eine schöne Zeit zu bereiten, sondern nur zwei Dinge:

- unser Überleben zu sichern und
- etwas zu tun zu haben.

Fertig.

Aus diesen beiden Gründen sind wir den lieben langen Tag damit beschäftigt, reelle, aber ebenso oft komplett hanebüchene Katastrophenszenarien zu entwerfen, uns Sorgen zu machen, zu hadern und niemals irgendwo anzukommen. Man kann dabei sogar die Themen wechseln wie Unterhosen.

---

1 Julie Tseng und Jordan Poppenk: »Brain Meta-State Transitions Demarcate Thoughts across Task Context Exposing the Mental Noise of Trait Neuroticism«, *Nature Communications* 11, 2020. https://www.nature.com/articles/s41467-020-17255-9

Profis auf diesem Gebiet können Gedankenketten schmieden, die fangen bei der Mettwurst an, gehen über die Kalorien zum Körperfettanteil, ich mache keinen Sport, ich bin so eine Versagerin und deswegen finde ich auch keinen Partner und werde für immer allein bleiben und das in weniger als fünf Sekunden. Andere werfen das Gedankenkarussell an und reiten ein einziges Thema so oft im Kreis, bis ihnen selbst schwindlig wird – ohne irgendeine brauchbare Lösung am Ende, dafür aber mit hängenden Mundwinkeln und Denkfalte.

Ich kann das alles (hurra) und manchmal, wenn dann noch Stress dazukommt, also ganz realer Stress in der Arbeit, die Mama ist krank, der Drucker ist kaputt und der Nachbar von oben … dann fühlt es sich an, als wäre alles zu viel.

Die gute Nachricht ist: Der reale Stress ist zwar ein Teil unseres Lebens, und den kann man auch nicht vermeiden – aber den schweren Wolken, die wir hinter uns herziehen, denen kann man die Fäden kappen. Und das machen wir. Passend zum Thema ploppt sofort der Satz in meinem Hirn auf:

*Und was, wenn es nicht klappt???*

Das ist vermutlich der häufigste Satz, der in meinem Gehirn abgespult wird. Danach kommt lange nichts und dann vermutlich irgendwas mit Essen.

Eigentlich ist an diesem Satz »Und was, wenn es nicht klappt???« gar nichts Schlimmes. Im Gegenteil – die meisten Leute beschäftigen sich mit dieser Frage, bevor sie irgendeine Entscheidung treffen. Das führt dann dazu, dass sie für den Fall der Fälle einen Plan B haben, und das ist vorausschauend und gescheit.

Ich hingegen beschäftige mich mit dieser Frage auf andere Art, sie ist der Startknopf für eine Fahrt in die Hölle – und das ist überhaupt nicht gescheit, sondern ziemlich bescheuert. Ich darf euch dies an einem Beispiel aus der Arbeitswelt mal vorführen:

Sagen wir, die Überlegung *Was, wenn es nicht klappt???* bezieht sich auf … die Präsentation für eine Klopapier-Kampagne in der Werbeagentur morgen. (Diese Fahrt in die Hölle habe ich so oft absolviert, die kann ich im Schlaf.) Morgen kommt also der Kunde, um zu sehen, was die Werbeagentur, für die ich arbeite, sich ausgedacht hat, um den Verkauf seines Klopapiers anzukurbeln.

## Schritt 1:

Stetes, aber unregelmäßiges Aufploppen der Frage *Und was, wenn es nicht klappt???*, und zwar schon einige Wochen vor dem Termin. In den meisten Fällen kann die Frage durch Kühlschrankputzen oder andere überflüssige, pseudoaktive Tätigkeiten ins Hinterhirn geschoben werden.

## Schritt 2:

*Und was, wenn es nicht klappt???* ploppt zuverlässig in der Nacht vor dem großen Termin auf und lässt sich nicht beiseiteschieben. Und zwar ab dem Moment, in dem ich ins Bett gehe. Von da an geht es abwärts:

- *Vermutlich ist meine Idee nicht annähernd so gut, wie ich dachte …*
- *… ziemlich sicher sogar kompletter Blödsinn.*
- *So wie damals die Idee für das Schuppenshampoo …*
- *Ich werde mich vor dem Kunden sowie der versammelten Kollegschaft lächerlich machen.*
- *Man wird mir keine eigenen Projekte mehr anvertrauen.*

- *Meinen Posten bekommt irgendeine von diesen jungen, energiegeladenen Nervensägen, die sich mit den neuen Medien eh viel besser auskennen.*

- *In meinem Alter finde ich auch nichts Neues mehr.*

Ab hier nimmt das Ganze ziemlich schnell an Fahrt auf und endet, wie die meisten Fahrten dieser Art, in Armut, Krankheit, Unglück und Tod.

Unnötig zu sagen, dass sich das Szenario *Armut, Krankheit, Unglück und Tod* bis dato nicht ein einziges Mal bewahrheitet hat.

Diese »Strategie«, mit beunruhigenden Gedanken umzugehen, hat mir schlaflose Nächte eingebracht und unfassbar viele bedrückende Wochen – allerdings auch einen sehr sauberen Kühlschrank. Dass das trotz des immensen Vorteils blitzblanker Haushaltsgeräte eventuell ein bisschen absurd ist, wurde mir bewusst, als eines schönen Tages meine liebe Freundin Jana in der Küchentür stand und sich folgender Dialog entspann:

Jana: »Was machst du da?«

Ich: »Ich mach unter dem Herd sauber!«

Jana: »Warum?«

Ich: »Weil ich vermutlich mal keine Rente bekomme!«

Jana: »Was?«

Zunächst pöbelte ich noch ein bisschen weiter: »Ich muss arbeiten, bis ich umfalle, so wird's sein. Mit 75 preise ich immer noch Klopapier an …« – und so weiter, bis mich Jana wieder runterbrachte: »Aber es läuft doch gut bei dir, du schreibst Bücher, von der Agentur kommen Jobs und bis zur Rente ist es noch weit«, warf Jana ein. Damit hatte sie natürlich recht – aber die Stimme in meinem Kopf legte sofort los: *Jaja – und was, wenn ihr nichts mehr einfällt? Dann ist sie die Agentur los, Bücher schreibt sie auch keine mehr und dann? Armut, Krankheit, Unglück und Tod!*

»Die Stimme in deinem Kopf ist eine ganz schöne Schwarzseherin, meine Liebe«, sagte Jana und zog eine Augenbraue nach oben.

Und damit hatte sie schon wieder recht.

Tatsächlich gehe ich meistens vom schlimmstmöglichen aller Fälle aus – nicht mal von dem realen schlimmstmöglichen, sondern von einem komplett ausgedachten und absurden Fall. Und das beschränkt sich mitnichten auf die Arbeitswelt. Ich kann das aus dem Stegreif in jeder erdenklichen Situation. Kommt mein Elfjähriger schon wieder mit einer Fünf in Mathe nach Hause, sehe ich praktisch schon vor mir, wie er das Jahr wiederholen muss, von der Schule fliegt, die falschen Freunde kennenlernt, keinen Job bekommt, sich in Drogen flüchtet und – *Armut, Krankheit, Unglück und Tod.* Von wem ich das eventuell geerbt habe, wird mir schlagartig klar, als ich mit meiner Mutter im Auto sitze. Wir fahren mit dem Kind zu einem kleinen Ausflugslokal mit Spielplatz, von wo aus ein kleiner Rundwanderweg startet, den wollen wir machen. Es ist frühlingshaft warm, die Sonne scheint, alle sind gut gelaunt (sogar das Kind, dem habe ich vorsorglich noch nichts vom Wandern erzählt), und völlig aus dem Nichts legt meine Mutter los:

»Bestimmt gibt es keinen Parkplatz heute, bei dem schönen Wetter.«

»Ach na ja«, winke ich ab, »es ist ja noch früh, das wird kein Problem sein.« Keine zwei Minuten später geht es weiter: »Vorgestern hat es doch so geschüttet – vermutlich ist der Spielplatz ein einziger Matschhaufen«, das sagt sie nicht mal direkt zu mir, sondern so vor sich hin. Ich gucke kurz rüber zu ihr: Völlig versunken sieht sie nach draußen: »Und die Wanderwege erst – bestimmt sinken wir da bis zu den Knöcheln ein und meine Schuhe … da werden wir schön nasse Füße bekommen.«

Ich verdrehe die Augen. »Ja klar, und dann: *Armut, Krankheit, Unglück und Tod,* was?«

Währenddessen kommt es von hinten: »Wie, wandern?«

Warum ich diesen Schwank überhaupt erzähle: Nichts von dem, was meine Mutter befürchtete, trat ein. Es gab haufenweise Parkplätze, der Boden war trocken, die Wege von Blumen gesäumt und dank minimaler Erpressung wollte das Kind dann auch wandern, kurz: ein Traum von einem Ausflug! Warum sie im Voraus ein bisschen schlechte Stimmung verbreitet hatte? ICH HABE AUCH KEINE AHNUNG, ABER ICH MACHE DAS AUCH! Vielleicht, damit die Enttäuschung nicht so groß ist, falls es tatsächlich in die Hosen geht. Spoiler: Das funktioniert nicht gut.

Dass diese schwarzen Fahrten in den Untergang völlig automatisch passieren, fällt mir immer mehr auf – und wie oft ich miesepetrigen Gedanken nachhänge, die sich alle darum drehen, wie schlimm genau es eventuell noch kommen könnte. Ich mache mir ganz detailliert ausgeklügelte Sorgen, die wieder zu neuen Sorgen führen und von denen ich sogar weiß, dass sie zu 99,9 Prozent nie so eintreten werden! Das ist doch total krank! Apropos krank, ich sollte dringend mal zum Arzt gehen und diese Stelle am Rücken untersuchen lassen – nicht, dass es was Schlimmes ist –, aber ich mache mir schon wieder zu viele Sorgen … warum mache ich mir eigentlich immer Sorgen, das ist doch verrückt – vielleicht stimmt wirklich irgendwas mit meinem Hirn nicht, ich sollte vermutlich eher zum Therapeuten, ist ja nicht so, dass ich da nicht noch ein paar Baustellen hätte … wenn ich nur daran denke, wie unsicher ich mit fremden Leuten bin. Gerade erst heute Morgen, als ich das Kind in die Schule gebracht habe und da noch ein paar Mütter rumstanden und quatschten … wie verklemmt ich da gegrüßt habe! Kein Wunder, dass die nur kurz genickt haben und sich dann wieder umgedreht haben … bestimmt können die mich nicht leiden.

Bäm! So schnell geht das! Von einem trüben Topf in den anderen!

Ich kann anhand von pessimistischen Gedanken bis zu hundertmal das Thema wechseln! Das ist wie eine Art Superkraft! Nur eben in Scheiße …

Das Krasse ist, dass ich da anscheinend keine Ausnahme bin – und etwas mehr Originalität bei meinen Unzulänglichkeiten hätte ich mir schon gewünscht. Aber nein, die meisten Leute, die ich kenne, machen sich permanent völlig unnütz einen Kopf – wobei: Da gibt es einen ganz großen Gap. Denn das sind eigentlich alles Frauen, zumindest fast. Die große Mehrheit der Männer reagiert auf das Thema mit beneidenswertem Unverständnis. Worüber ich mir stundenlang einen Kopf machen kann, ist anderen keine Sekunde wert:

»Meinst du, ich hätte Denise und Paul anbieten sollen, hier ein paar Tage zu wohnen?«, frage ich zum Beispiel L., meinen Ex-Mann und Vater des Kindes, der trotz getrennter Wohnungen gerne hier vorbeischaut (besonders gerne in meiner Küche, seit er mit der Veganerin zusammen ist).

»Wieso?«, fragt L., während er eine Scheibe geräucherten Schinken in sich hineinstopft, »haben sie denn gefragt?«

Denise und Paul müssen für ein paar Wochen aus ihrer Wohnung, weil diese renoviert wird – ich habe wohlweislich nicht nachgefragt, wo sie in der Zeit bleiben, ich habe nämlich keinen Bock da drauf, und sooo dicke Freunde sind wir auch nicht, aber nun ja.

»Sie haben nicht gefragt, aber … ich hätte vielleicht doch … also zumindest anbieten hätte ich es vielleicht sollen?«

»Aber du willst sie doch gar nicht hierhaben, oder?«, hakt L. kauend nach.

»Nein«, schüttle ich den Kopf.

»Na, dann ist doch alles prima!«, zuckt L. mit den Achseln.

Aber ich finde es überhaupt nicht prima. »Also, nett war es nicht. Ich fühle mich ein bisschen schlecht jetzt …«

»Dann ruf sie an und frag, ob sie bleiben wollen«, sagt L. zum Kühlschrankinneren und hangelt nach der nächsten Scheibe Schinken.

»Aber ich will nicht, dass sie hier wohnen!«

Woraufhin sich L. zu mir umdreht und völlig verständnislos Arme und Augenbrauen hebt. »Ja, was nun?«

Er versteht überhaupt nichts, denke ich mir, und … »Raus aus meinem Kühlschrank!«

Es ist wirklich unfassbar, wie viele meiner männlichen Mitmenschen von diesen Gedankenspiralen völlig verschont bleiben. Wenn eine Frau zum Beispiel feststellt, dass sie etwas zugenommen hat, passiert exemplarisch Folgendes:

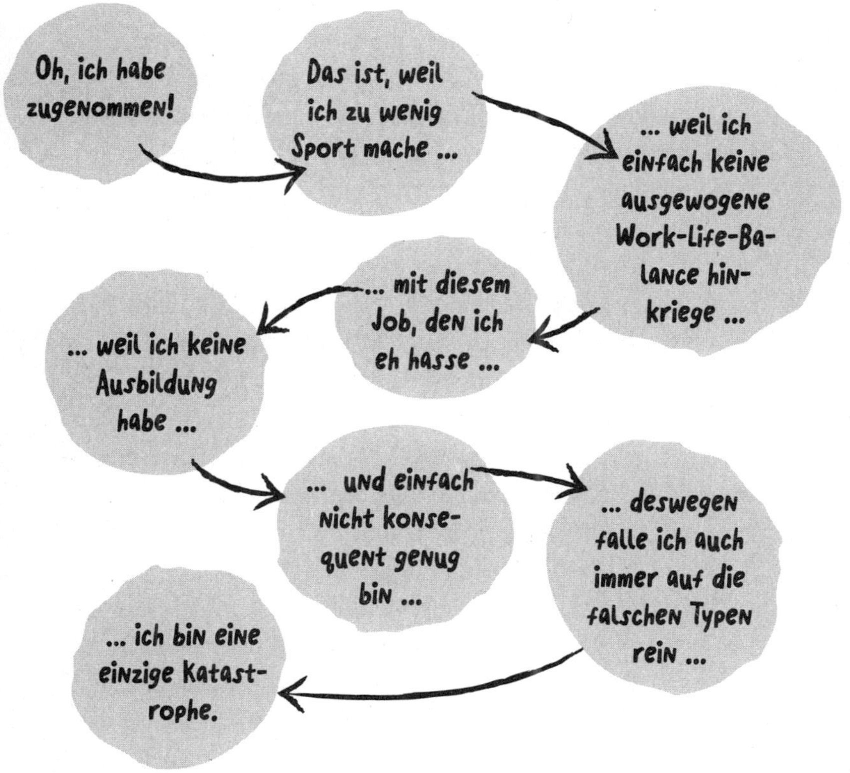


Was im Gegenzug passiert, wenn ein Mann bemerkt, dass er etwas zugenommen hat:

Oh, ich habe zugenommen! → Ich brauche wohl neue Hosen. (Und dann geht er und kauft neue Hosen.)

Als ich meine Überlegungen beim nächsten Meeting im »Café Einstein« meinen lieben Freundinnen Jana und Anne mitteile (wir nennen es nur Meeting, tatsächlich kippen wir uns einen hinter die Binde), ernte ich zustimmendes Nicken.

»Kenne ich«, sagt Jana, legt den Kopf in den Nacken und schlürft den Rest ihres Weißweins, »ich mache mir meistens Sorgen um die Zukunft. Also die Weltpolitik, ob das ganze System zusammenkracht, ob meine Miete erhöht wird, die Bienen aussterben und wie tief diese Falten an den Augen noch werden können, solche Dinge.«

»Keine Sorge, Falten an den Augen sind toll!«, lächelt sofort Anne. Aber dann stellt sich heraus: Anne macht sich zwar weniger Sorgen um die Zukunft, aber hadert dafür ständig mit Dingen, die schon passiert sind! Also zum Beispiel damit, was sie in einem Gespräch gesagt hat und ihr jetzt dumm erscheint. »Wisst ihr noch, das mit den Bettlaken?«, sieht sie uns an, und wir schütteln beide den Kopf. »Na, als wir mit den anderen essen waren, wisst ihr nicht mehr? Als ich gesagt habe, dass es doch schön ist, wenn Traditionen erhalten bleiben«, und da läuft sie schon rot an, bei mir klingelt immer noch nichts, aber Jana dämmert etwas: »Aaahh, das mit den Bettlaken …«

»Genau«, nickt Anne. Ein Bekannter von L. hatte uns beim Abendessen erzählt, dass seine albanischstämmige Familie bei der Hochzeit der Schwester auf das Vorzeigen des blutbefleckten Bettlakens gedrängt hatte – es solle traditionell gefeiert werden und das Laken gehöre einfach dazu (selbst wenn alle Anwesenden wissen, dass es reiner Fake ist). Daraufhin ließen sich die anwesenden Damen sofort und folgerichtig über diese patriarchalisch-misogyne und menschenverachtende Unsitte aus, einstimmig – bis auf Anne. Die lächelte ihr entrücktes Lächeln und fand Traditionen schön.

Im Nachhinein ist ihr das total peinlich, »das war so doof von mir«, findet sie inzwischen, aber damit ist es nicht genug. Leider. Die Situation fällt ihr immer wieder ein, gerne nachts, wenn das Hirn anscheinend nichts Besseres zu tun hat, als einem die schmachvollsten Momente der letzten Jahre als Kurzfilm zu präsentieren. Das Absurde ist: Alle, die bei diesem Abendessen dabei waren, haben diese Bemerkung längst vergessen – oder hätten es zumindest, wenn Anne sie nicht immer wieder herauskramen würde. Und wie das oft so ist: Anderen gegenüber ist Anne längst nicht so streng wie mit sich selbst. Ich weiß das, denn ich hab sie genau das gefragt:

»Wenn ich das gesagt hätte in dem Moment und es heute anders sehe – würdest du dann denken, ich bin doof?«

»Nein«, schüttelt sie den Kopf, »überhaupt nicht.«

»Das ist absurd.«

»Ja.«

Eigentlich ist es schon so absurd, dass es einem vorkommen kann, als hätte das Hirn eine eigene Stimme, die mit einem selbst nichts zu tun hat, sondern völlig eigenständig überall ungefragt irgendeinen Senf dazugibt.

Und zwar meistens wirklich unschönes Zeug …

Zum Beispiel, wenn ich auf eine Party komme, wo ich keinen kenne: *Niemand hier kann dich leiden*, sagt es dann zum Beispiel völlig aus dem Nichts, und: *Warum hast du diese komische Jacke angezogen, du siehst aus wie ein Sack!* Oder ich gehe die Straße entlang, es ist ein schöner Tag und ich denke: »Ach ich bin aber heute gut gelaunt.« Da kommt es plötzlich von oben: *Bist du nicht!* Und dann sieht es sich um und sagt so etwas wie: *Tussi, störender Radler, Tussi mit hässlichem Baby, falsch geparktes Auto, Tussi, Prolet, ELEKTROROLLER, STIRB!* Ich erschrecke dann fast vor mir selbst – ich meine, ich würde so was nie sagen! Warum denke ich so was nur?

Unfassbar nervig.

Ich fasse also zusammen: Ich komme von einem Sorgentopf in den anderen in weniger als zehn Sekunden (die Fahrt in die Hölle), ich kann stundenlang ein einziges Problem wälzen, das eventuell gar nicht existiert und auch nie existieren wird, ich kann mir Dinge vorwerfen, die schon passiert sind und die ich nicht mehr ändern kann, und das Ganze untermalt von einer gehässigen Stimme in meinem Kopf. Ganz ehrlich – kein Wunder, wenn es einem da die Stimmung verhagelt. Das sollte ich unbedingt ändern, es macht nämlich gar keinen Sinn. Werde ich das hinbekommen und viel glücklicher durch das Leben laufen? Oder klappt das nicht und wird zu (noch) einem Frustfaktor? Aber es wird schon klappen. Was soll schon schiefgehen?

*Schön, dass du fragst!*, meldet sich die Stimme …

# DAS MISSVERSTÄNDNIS

Das Krasse ist: Ich dachte immer, das sei ganz normal! Die Stimme in meinem Hirn ist vielleicht ein bisschen speziell, aber das Phänomen kennt doch jeder. Diese Unheil vorhersagende, zynische, nörgelnde Nuss, die einen nachts mit depperten Ideen wach hält und sich die bescheuertsten Sachen ausdenkt.

Und es ist auch ganz normal (dachte ich), dass ich permanent Probleme wälze (und solche, die es werden wollen) – schließlich muss man sich ja mit ihnen beschäftigen, und wenn man das lange genug tut, dann wird am Ende schon irgendwann etwas Vernünftiges dabei herauskommen. Und je größer das Problem, desto ausführlicher müssen die Gedankenspiralen sein … das ist nur angemessen. In meiner Vorstellung muss ich nur eben alle drei Millionen Möglichkeiten und Eventualitäten und alle möglichen Ausgänge und ihre etwaigen Komplikationen einmal durchüberlegen, und dann wird mir – Tataaaa! – die einzig wahre, perfekte und ultimative Lösung erscheinen. Auch meine Fahrten in die Hölle fand ich völlig nachvollziehbar: Wenn ich mir im Vornherein ausmale, wie schlimm alles genau werden kann, dann bin ich vorbereitet! Eine reine Vorsichtsmaßnahme!

Dass das eventuell ein Holzweg ist, dämmerte mir dank meiner männlichen Mitmenschen, weil der Großteil von ihnen, wie erwähnt, sich überhaupt keinen Kopf macht, wenn es nicht unbedingt nötig ist, und dank meiner weiblichen Kolleginnen, weil die sich um ganz andere Dinge einen Kopf machen als ich: völlig absurdes Zeug. So schien es mir lange völlig selbstverständlich, mich darum zu sorgen, ob ich eventuell in 20 Jahren wegen einer alternden Hüfte nicht mehr die Stufen zu meiner Wohnung hochkomme und dann im Alter keine andere mehr bekomme (Wohnung, nicht Hüfte) – gleichzeitig fand ich es völlig absurd, dass Anne befürchtete, die Besitzer ihrer Wohnung könnten sie eines Tages rausschmeißen, um ihren Sohn dort einziehen zu lassen. Und der Sohn ist fünf.

»Das ist doch Quatsch!«, dozierte ich, »es könnten Millionen Dinge passieren! Der Sohn zieht ganz woanders hin, kauft ein Haus, wandert aus oder wird vom Auto überfahren! Dein Szenarium ist doch völlig konstruiert!«

»Ach«, gab Anne zurück, »aber dass du irgendwann wegen deiner Hüfte ausziehen musst, findest du normal, oder was? Und wenn ein Aufzug in dein Haus eingebaut wird? Oder du mit deinem Freund in eine größere Wohnung ziehst? Oder dein beknackter Nachbar den ganzen Kasten einfach vorher abfackelt? Das sind doch auch alles Möglichkeiten!« Überflüssig zu sagen, dass mir von da an das Nachbar-abfackel-Szenarium nicht mehr aus dem Kopf ging …

Kurz: Es war mir im Traum nicht eingefallen, dass das ganze Kopfkino gar nicht sein muss. Keine Ahnung, warum ich das als gottgegeben hingenommen habe! So wie den bedauerlichen Umstand, dass ich dünne Haare habe oder rote Paprika nicht gut vertrage. Jedoch – man ist sich selbst gar nicht ausgeliefert! Die Stimme in meinem Kopf hat nicht nur unsagbar oft nicht nur *nicht recht* – ich kann ihr sogar verbieten, dass sie in diesem Ton mit mir spricht!

Es war ein ewiger Irrglaube, dass ich nur noch schnell X und Y lösen muss, dann habe ich endlich den Kopf frei – zum einen löst man X und Y nicht durch nächtelanges Herumwälzen, und selbst wenn: Danach hätte ich Q und R am Start, die mich nicht in Ruhe lassen. Das Problem ist also nicht ein X oder ein Y – das Problem ist, dass das Hirn, sobald ihm öd wird, in die Hände klatscht und sagt: »Hey! Ich hab hier etwas vorbereitet! Wie wäre es mit: … !« Und dann kommt es mit irgendeinem Scheiß an, den wir auch gleich ernst nehmen, denn immer handelt es sich dabei um negativen Mist, und eine unglückliche Veranlagung flüstert uns ein, dass Negatives wirklich wichtig ist.

In Zeiten von Säbelzahntigern hatte das durchaus seine Berechtigung – die Überlebenschancen waren deutlich höher für diejenigen, die sich misstrauisch vor jeder vermeintlichen Gefahr duckten. Die Unbekümmerten wurden häufiger gefressen, und jetzt haben wir zwar das mit den Säbelzahntigern im Griff, sind aber der übrig gebliebene Haufen Schisser. Dass wir öfter mal überprüfen und korrigieren sollten, was unser Hirn so klammheimlich für Schlüsse zieht den lieben langen Tag, ist generell eine gute Idee, das habe ich bei meinem letzten Buch gelernt.[2] Und wenn das dazu führt, dass die Leichtigkeit zurückkehrt – also das wäre fantastisch! Wie oft passiert es mir, dass ich supergut gelaunt bin und dann fast schon zusammenzucke, weil: So gut gelaunt, wie ich bin – also das ist ja schon fahrlässig! Wie leicht aus heiterem Himmel etwas passieren kann, wenn man sich einfach so völlig gedankenlos dahinfreut!

---

2 Das Buch heißt *Auf meine Schwächen ist wenigstens Verlass*. mvg Verlag, München 2022.

Wie sehr sich der gequirlte Mist unseres Hirns auf die Stimmung auswirkt, habe ich mir angesehen. Zusammengefasst sieht es so aus:

Unser Hirn, so kreativ es auch sein mag, kann nicht gut zwischen real existierenden Erfahrungen und eingebildeten Erfahrungen unterscheiden. Also: Wenn jemand große Angst vor einer Operation hat, werden dabei im Körper dieselben Signale ausgelöst, wie wenn die OP tatsächlich stattfindet. Man kann den Effekt leicht nachspielen, einfach, indem man daran denkt, in eine Scheibe saure Zitrone zu beißen – kurz Augen zu und sich vorgestellt, zack, schon produziert die Mundschleimhaut Speichel wie verrückt. Jeder Gedanke, wenn er nur eindringlich genug ist, hat die Macht, Dinge in unserem Körper zu veranstalten, Gedanken und Gefühle können Hormone, chemische Prozesse und Botenstoffe losschicken, und das kann prima sein – wenn man an den Liebsten denkt und das Herz schneller schlägt –, es kann aber auch fatal sein.

Wenn wir grübeln, uns Sorgen machen und ein Worst-Case-Szenario nach dem anderen durchspielen, nimmt unser Körper das ernst, und das Cortisol geht rauf. Das ist ein Stresshormon – in normaler Dosis nützlich, regelt es unter anderem den Schlaf und den Fettstoffwechsel. Morgens ist der Cortisolspiegel am höchsten, im Laufe des Tages nimmt er ab und nachts ist er am niedrigsten. Wenn ich jetzt diesen Cortisolspiegel permanent hoch halte mit meinen Gedankenfürzen (die auch noch vorzugsweise beim Zubettgehen so richtig loslegen, weil unserem Hirn da besonders fad ist), überdosiere ich mich praktisch mit Cortisol, und das kann einen ganzen Rattenschwanz an wirklich unschönen Folgen nach sich ziehen. Von Schlafstörungen und Haarausfall über Entzündungen, eine Störung der Mikroorganismen (Mikrobiota) auf der Haut oder im Darm, es kann zu Herzrasen und Problemen mit dem Immunsystem kommen – oder es schlafen einem zum Beispiel permanent die Hände ein.

Ich sag es ja, lauter unschönes Zeug. Davon abgesehen kommt man wirklich, wirklich schlecht drauf und genau: *Depressionen, Krankheit, Unglück und Tod.*

Erfreulicherweise habe ich weder Herzrasen, noch schlafen mir die Hände ein, aber es passiert oft, dass ich nachts aufwache und an irgendein X oder Y denke und dann vor lauter Kopfkarussell nicht mehr einschlafen kann. Da kann ich dann wählen zwischen ewig wach liegen und von mir selbst genervt sein, meinen Freund (José) aufwecken und den nerven, oder ich stehe auf und hänge wie ein Depp um halb fünf in der Küche rum. Wobei ich das mit dem Aufwecken nicht mehr mache. Nicht aus Rücksichtnahme, sondern weil es einfach nichts bringt.

Ich, um halb fünf: »José, wach auf, hey, was meinst du: Was, wenn ein Einbrecher über die Terrassentüre kommt? Meinst du, ich sollte eine Alarmanlage installieren? Geht die dann auch an, wenn jemand das Badfenster aufhebelt?«

José: »Mmmmmmmmmmhmmmmmmmhhh – hm?«

Trotz dieser großartigen Einsichten hat mein Hirn doch noch einen Weg gefunden, mich auszutricksen. Wenn eine Sorge daherkommt und ich versuche, mich nicht mit Feuereifer darauf zu stürzen, einfach weil ich weiß, dass das nichts bringt – dann fragt mein Hirn: *Und was, wenn es diesmal wirklich wichtig ist?*

Schlau, was? Denn diesem Gedanken kann ich nicht widerstehen …

Und dann mache ich mir Sorgen darüber, was passiert, wenn ich mir keine Sorgen mehr mache. Übernimmt das Chaos? Passiert etwas total Schlimmes? Warum traue ich mir nicht zu, einschätzen zu können, ob etwas ein wirkliches Problem ist, um das ich mich jetzt sofort kümmern muss – oder einfach nur eine dieser Ideen meines Hirns, das gerade nichts zu tun hat?

Es wird viel darüber geredet, wie schwierig es ist, anderen zu vertrauen. Aber fast nie darüber, wie schwierig es ist, sich selbst zu vertrauen.

Bevor wir also damit anfangen die ganzen Sorgen und Grübeleien hinter uns zu lassen, hätte ich bitte gerne eine Checkliste, ob es sich diesmal nicht um etwas handelt, um das ich mich jetzt wirklich kümmern sollte. Einfach damit ich den Gedanken »Und was, wenn es diesmal wirklich wichtig ist?« abhaken kann, sonst funkt mir der nämlich permanent dazwischen.

# CHECKLISTE: IST ES WICHTIG ODER EIN ANFALL VON GRÜBELKEIT?

Was, wenn es diesmal wirklich ernst ist? Das ist die Killerfrage. Bevor wir anfangen, das Kopfzerbrechen bleiben zu lassen, muss diese Frage unbedingt geklärt werden. Das ist die größte Angst: Am Ende macht man sich keinen Kopf mehr, es läuft super, man hüpft fröhlich unbeschwert seiner Wege – und aus dem Nichts krachen die Dinge, um die man sich nicht gekümmert hat, wie Meteoriten um einen herum ein.

*Hab ich's dir doch gleich gesagt,* kann ich jetzt schon altklug mein Hirn hören …

Also, woran erkenne ich, ob es sich bei einem Hirnfurz um etwas handelt, um das ich mir wirklich Gedanken machen sollte? Schließlich sind die Hirnfürze ja auch ganz schön verschieden! Ich brauche … genau! Eine Inventur! Einfach, um zu sehen, was wegkann und was besser nicht.

»Warum liegen da ein Block und ein Stift am Bett?«, fragt José, als wir an dem Abend schlafen gehen. »Um deine Performance zu bewerten«, antworte ich, ohne mit der Wimper zu zucken – und der Blick daraufhin ist unbezahlbar. Leider muss ich viel zu schnell lachen. »Quatsch, ich will nur aufschreiben, was mir so durch den Kopf geht«, winke ich ab, und ganz eventuell ergibt sich nach dem gemeinsamen Lachen eine recht vergnügliche Zweisamkeit, nach der ich verschwitzt und noch etwas kurzatmig aus reinem Übermut nach dem Block und dem Stift angle, und DER Blick – also der war noch besser.

Was sich innerhalb von ein paar Wochen auf meiner Inventurliste so angesammelt hat, ist ein bunter Mix aus Scheußlichkeiten – völlig banales Zeug, das mir schon beim Aufschreiben bescheuert vorkommt: Bekommen Kühe Winterfell? Wo ist eigentlich mein Poesiealbum von damals? Was wohl aus Beate geworden ist? Solche Dinge. Das meiste davon ist:

- entweder mit Google zu beantworten
- oder zu unwichtig, als dass ich irgendein Handlungsbedürfnis verspüre, das herauszufinden.

Diese Dinge wabern einfach so in meinem Kopf herum. »Hauptsache, die Luft scheppert«, würde meine Ex-Schwiegermutter sagen, wenn ich diese Gedanken aussprechen würde.

Eine ganz andere Kategorie sind Gedanken, die mit Sachen zusammenhängen, die ich erledigen muss. Die sind ultranervig, weil man immer leicht erschrickt, wenn sie einem plötzlich von hinten auf die Schulter tippen, und das tun sie besonders gerne, wenn man einschlafen will. Da driftet man so langsam zwischen Blümchen und Schäfchen in diese neblige Zwischenwelt, nicht mehr wach, aber auch noch nicht komatös und – ZACK! – *ICH MUSS NOCH DIE RESERVIERUNG FÜR DEN KINDERGEBURTSTAG MACHEN!* Und das war's dann mit den Blümchen und den Schäfchen. Denn was ist, wenn der Platz (Paintball. Das Kind will zu Paintball) nicht mehr frei ist? Welche Alternativen gibt es dann? Warum macht man das eigentlich nicht mehr zu Hause mit Marmorkuchen und Topfschlagen? Aber das wäre noch stressiger … Was wollen wir ihm überhaupt schenken? Und dürfen beim Paintball die Erwachsenen mitmachen?

Ganz großartig auch, wenn einem das nicht beim Einschlafen einfällt, sondern während eines ganz großartig romantischen Moments: Da wälzt man sich in einem Moment noch leidenschaftlich durch die Laken und im nächsten erstarrt man zur Salzsäule.

»Hey? Was ist los?«

»PAINTBALL!«

»Was?«

Und das war's dann mit Romantik und Leidenschaft.

Zu Erledigendes ist auch deshalb so nervig, weil wir es ja definitiv noch machen müssen, also weil Handlung verlangt ist just in einem Moment, wo man so überhaupt gar nicht fähig ist, irgendetwas zu tun, außer sich völlig genervt Gedanken zu machen. Es kann sogar noch blöder werden, mit: *FUCK! Ich hätte heute Nachmittag einen Zoom-Call gehabt!* Also mit Dingen, die man *hätte erledigen müssen*. Und man kann die noch nicht mal schnell nachholen! Ruf mal nachts um halb zwei die Zoomies von heute Nachmittag an – »Sorry an alle, ich hab das Meeting total vergessen, ist noch jemand wach?« Das wird nichts. Da kann man dann gleich weitermachen mit den Gedanken darum, was jetzt wohl die Kollegen von einem denken (was wohl?). Das Einzige, das man nachholen kann, ist ein echter Klassiker, und wenn der eintritt, steht man nachts um halb zwei im Wäschekeller und hängt die Wäsche auf, die man in der Maschine vergessen hat, während man sich permanent selbst bestätigt, was für eine dämliche Kuh man doch ist. (Voller Hass, weil die Wäsche inzwischen schlecht riecht und man sie eh noch mal waschen muss, wenn sie einmal getrocknet ist.)

Dann gibt es noch eine ganz eigene Fachrichtung Sorgen, nämlich alles, was mit Entscheidungen zu tun hat. Halleluja. *Soll ich den Job hinschmeißen oder nicht? Soll ich mit meinem Freund zusammenziehen oder nicht? Soll ich ins Ausland gehen oder nicht? Heiraten? Die Versicherung abschließen, die mir angeraten wurde? Aktien kaufen? Die Badewanne durch eine Dusche ersetzen? Soll ich das Auto jetzt verkaufen, bevor es größere Reparaturen braucht, oder behalte ich es noch? Lasse ich mir in meinem Alter noch eine Zahnspange verpassen oder nicht? Sollten wir das geerbte Häuschen von Oma verkaufen oder renovieren und vermieten – oder dort sogar einziehen? Obwohl es sich in Hinterhopfendoof befindet? Sollte ich mir einen Pony schneiden lassen? Noch einen Hund anschaffen? Die Augen lasern?* Und so geht das ewig weiter. Ich kann dabei sehr gut auf einer Frage herumkauen, aber auch von einer zur nächsten springen, das ist gar kein Problem! Und zwar ohne jemals eine Entscheidung zu treffen!

Wenn man bedenkt, dass ich schon Probleme vor dem Supermarktregal mit den Marmeladensorten habe, WENN ICH EINFACH NUR HIMBEERE WILL, aber dann gibt es die mit Stückchen und dann eine bio, dafür ist die nächste günstig und die dritte hat das schönste Etikett, oder doch lieber die, wo »erntereife Früchte« draufsteht? Wie soll ich jemals eine Antwort auf lebensentscheidende Fragen finden, wenn ich schon an Himbeermarmelade scheitere? Könnt ihr euch ungefähr vorstellen, was hier los ist, seit ich überlege, eine Wohnung zu kaufen?

Meine bessere Hälfte, was Grübeleien über Entscheidungen betrifft, ist Anne. Meine liebe, leicht esoterisch angehauchte Freundin Anne vervollkommnet mich in dieser Hinsicht, sie macht sich nämlich überhaupt keinen Kopf um irgendwelche Entscheidungen. Anne verlässt sich auf eine krude Mischung aus Bauchgefühl und »Zeichen«, die sie in allen möglichen und unmöglichen Dingen sieht. Das ist zwar vollkommen verrückt, aber in Annes Welt funktioniert dieses System 1 a. Mit dieser Zuversicht ist es allerdings vorbei, sobald die Entscheidungen in der Vergangenheit liegen. Sie hadert sozusagen »nach«, und das teilweise nach Jahren:

*Hätte ich doch besser die Weiterbildung zur Schamanin machen sollen? War es ein Fehler, den Retreat in Sizilien zu buchen? Hätte ich doch ein Kind bekommen sollen? Habe ich ein Vorzeichen übersehen? Hätte ich das Angebot von meiner Schwester annehmen sollen, zu ihr zu ziehen? Ginge es mir dann heute besser? Hätte ich den schönen Daniel auf Menorca besuchen sollen? Wären wir dann vielleicht doch ein Paar geworden?*, so geht das bei Anne.

Ich finde diese Überlegungen »was hätte« und »was wäre gewesen« völlig für die Katz, aber genauso unverständlich findet Anne meine Schwierigkeiten, überhaupt irgendeine Entscheidung zu treffen: »Du musst doch wissen, was du willst!« – wir sind eben alle unterschiedlich …

Noch absurder wird es, wenn ich wegen Dingen leide, die in der realen Welt noch nicht mal existieren! Und die allerhöchstwahrscheinlich auch nie eintreten werden. Schlimme Dinge: Wäre ich Horrorfilm-Regisseurin, wäre dies eine hervorragende Begabung. Aber ich bin nun mal keine, insofern ist das einfach nur Mist. Ich kann aus dem Stegreif jede Situation in einen Albtraum morphen. Dazu entwerfe ich individuelle Katastrophenszenarien, und die meisten beginnen mit: *Was wäre, wenn …*

Danach geht es bergab. Wie berichtet, gehe ich immer vom schlimmstmöglichen Fall aus, und es spielt überhaupt keine

Rolle, wie plausibel der Plot ist. Ich kann tiefenentspannt auf der Couch liegen und einen Bericht über medizinische Fortschritte im Kampf gegen Leukämie lesen, und im Handumdrehen präsentiert mir das Hirn einen Kurzfilm, in dem das Kind Leukämie bekommt, wir im Krankenhaus sind, Schläuche, Leid und rasierter Schädel inklusive.

Wie bekloppt das ist, wird mir recht schnell bewusst, einfach weil mir plötzlich Tränen in die Augen schießen. »Was soll DAS denn bitte?«, schimpfe ich auch gleich in Richtung Hirn, aber das verbeugt sich nur nach allen Seiten für sein Meisterwerk und tritt Küsschen werfend wieder ab.

Alle meine Filme, die in *Armut, Krankheit, Unglück und Tod* enden, stammen von diesem Meister-Regisseur, es erschafft praktisch ein eigenes Genre. Besonders gerne thematisiert es Existenzängste, das Altern sowie den Tod aller Leute, die ich liebe, einschließlich meiner selbst. Eine relativ neue Unterkategorie bildet José. Mit uns beiden läuft es zwar so weit bombig, aber es gibt so Tage, an denen fühle ich mich klein, hässlich, alt, verschroben, und ich bin mir ziemlich sicher, dass er es nicht lange mit mir aushält. In drei von vier Fällen bekomme ich kurz darauf meine Tage … Und das sind nur meine ganz kleinen, persönlichen Katastrophenfilme. Dazu kommen ja noch die ganz realen, großen Katastrophen: die Klimaerwärmung mit Fluten, Dürren und Bränden, der Kollaps der Ökosysteme und die Überschwemmung der Heimat von 200 Millionen Menschen in 70 Jahren – all das lässt zwar meine kleinen popeligen Dramen in Relation auf ein gesundes Maß schrumpfen, aber so richtig gute Nachrichten sind es halt nicht. Und dann kann ich mir gleich Sorgen machen, wie es dem Kind mal ergehen wird mit all dem, kann mich über die Politik aufregen, ein schlechtes Gewissen bekommen, weil ich trotzdem in Urlaub fliegen will, und dann sauer werden, weil es doch nicht sein kann, dass die Rettung der Welt jetzt wieder mein Job ist.

Ein schlechtes Gewissen ist übrigens ein großartiger Startknopf für Grübeleien rund um die eigene miserable Person. Willkommen in der Kategorie Selbstzweifel. ☺

Ich weiß nicht, wie es anderen Leuten geht, aber Sorgen und Ängste im Allgemeinen bereiten Kopfzerbrechen – aber Selbstkasteiung geht ans Herz. Die schmerzt. In meinem Notizblock, der über Wochen neben meinem Bett und auf dem Sofa- und Esstisch herumlag, stehen Dinge wie »Warum bringe ich eigentlich nie was zu Ende?« oder »Ich habe es nicht mal geschafft, dem Kind eine intakte Familie zu bieten«, »Ich bin so uninteressant«, »War ich in dem Gespräch mit meiner Mutter zu harsch? – Bin ich vielleicht ein Arschloch?«, »Christian ist nur so nett zu mir, weil er was von mir will, ich kann nicht einfach so gemocht werden«, »Irgendwann merken sie in meinem Job, dass ich eigentlich nichts kann«, »José ist nur mit mir zusammen, weil ich noch ganz okay aussehe« … *NICHT MEHR LANGE, SCHÄTZCHEN!*, trötet da die wohlbekannte Stimme vom Hirn noch hinterher.

Auch hier wieder erstaunlich, dass alle Damen in meinem Leben verständnisvoll mit dem Kopf nicken, die Männer hingegen sehen mich etwas befremdet an und kommentieren unnützes Zeug: »Du bist doch erfolgreich, warum denkst du dann, du kannst nichts?«, und im Fall von José: »Wer ist Christian?«

Mit sich selbst hadern ist echt beschissen. Man kann das sogar noch steigern, indem man in solchen Momenten ein bisschen durch die Social-Media-Kanäle scrollt. Wo alle die beste Zeit ihres Lebens haben, mit ihren Freunden, ihren perfekten Partnern, an wunderschönen Orten und mit traumhaften Klamotten an ihren Cellulite-freien, verfickten XS-Körpern.

Sollen die Selbstzweifel also weg oder nicht? Jein!

Dass ich zu harsch zu meiner Mutter war, ist erstens durchaus möglich und zweitens somit eine Frage, die ich mir stellen kann. Was aber definitiv wegkann, ist die Selbstkasteiung. Und alles mit Cellulite …

Und von da aus ist es nur ein winziger Sprung, das große Ganze infrage zu stellen:

*Wozu bin ich überhaupt hier? Was soll das alles? Hat irgendetwas, das ich tue, irgendeinen Sinn?*

Bei mir kommt die Sinnfrage immer erst am Ende einer langen Kette unschöner, schwarzer Gedanken, sie ist sozusagen das Schlusslicht. Und, Überraschung, die Antwort darauf ist nie positiv. Teilweise ist die Sinnfrage nicht mal als Frage gestellt, sondern kommt gleich als Ergebnis daher:

**Es hat doch alles eh keinen Sinn.**

Und mit »alles« meine ich in dem Moment auch alles. Meine persönliche Existenz sowie die des Universums generell. Zugegeben, ein bisschen melodramatisch.

Dann haben wir noch die Liga, die ich in meinem Notizblock unter »Probleme« zusammengefasst habe. Dass die Eltern älter werden, steht da zum Beispiel, und ich ziemlich weit weg bin (was keine gute Kombination ist). Dass ich viele Dinge, die ich machen möchte, nicht mache, weil ich schon so viele Dinge tun muss, die ich nicht machen will, und ich mir nicht noch mehr aufhalsen will. Dass zu viele Lebensmittel in meinem Kühlschrank sterben und dass die Vorstellung von der Wohnung, die ich kaufen will, und die Zahl auf meinem Konto nicht harmonieren. Dass das Kind demnächst Ferien hat und ich nicht … lauter solche Dinge.

Wir haben also, wenn ich das noch mal zusammenfasse, ein Potpourri aus Scheußlichkeiten in meinem Kopf, das sich teilt in:

- Quatschfragen
- Das muss ich noch erledigen!
- Entscheidungen, die ich nicht fällen kann

- War Dingsbums im Nachhinein richtig?
- Katastrophenszenarien
- Selbstzweifel
- Sinnfragen
- Probleme

»So auf einem Haufen sieht das nach ganz schön viel Mist aus«, stelle ich fest, und es ist durchaus als Vorwurf an mein Hirn gemeint, das aber nur mit den Achseln zuckt. Es ist glatt ein Wunder, dass ich nicht noch viel schlechter drauf bin, finde ich und greife nach dem Rotstift.

Also – was kann denn nun weg? Auf wen wollen wir in Zukunft verzichten?

- *Quatschfragen*
  Ganz klar: Wenn ich es schaffe, diese Herrschaften aus meinem Kopf zu verbannen, wird nichts Schlimmes geschehen. Es wird mich vermutlich nie jemand in einer Leben-oder-Tod-Situation an den Schultern rütteln und sagen: »SCHNELL! SAG! KRIEGEN KÜHE WINTERFELL? SO SAG DOCH SCHON, UM HIMMELS WILLEN!!!« Unwahrscheinlich.

- *Zu Erledigendes*
  Das brauch ich noch! Und ich habe immer noch nicht beim Paintball angerufen, verdammt …

- *Entscheidungen, die ich nicht fällen kann*
  Für die muss ich mir irgendetwas einfallen lassen – irgendwann sind sie schließlich fällig, und meine Strategie bis jetzt, nämlich, mir den Kopf zu zerbrechen und dann nichts zu entscheiden, ist nicht so hundertprozentig zufriedenstellend.

- *War Dingsbums im Nachhinein richtig?*
  Mich plagen solche Zweifel im Nachhinein zwar nicht, aber das sehe ich mir speziell für Anne an.

- *Katastrophenszenarien*
  Die helfen auch niemandem. Ich bin zwar wirklich gut im Selbstbeschiss, aber nicht mal ich mache mir vor, dass es mich in irgendeiner Weise auf eine eventuelle Krebserkrankung des Kindes vorbereiten würde, wenn ich mir den Leukämie-Film noch ein paar Mal ansehe. »Bei aller Liebe«, würde Jana sagen, »das ist ein Scheiß.«

- *Selbstzweifel*
  Bei Selbstzweifeln bin ich mir unsicher – schließlich klingt es nicht nach einer völlig blöden Idee, sich manchmal infrage zu stellen:
  - Habe ich mich in einem Gespräch im Ton vergriffen?
  - Hätte ich früher Bescheid geben sollen, dass Dingsbums?
  - Warum werde ich so wütend, wenn meine Mutter sich über etwas beschwert?

Und ist nicht schließlich sogar dieser Versuch, das Grübeln sein zu lassen, aus einem Selbstzweifel entstanden? Das ist doch nicht völlig daneben, sich solche Fragen zu stellen, im Gegenteil: Die Herrschaften, die sich ihrer selbst immer völlig sicher sind und die nichts und niemand erschüttern kann in ihrem Glauben an sich selbst, die hält doch kein Mensch aus. »Aber diese Tirade, in der es heißt, ich kann eh nichts, ich bin nicht gut genug, keiner mag mich, wie ich wirklich bin, also das muss aufhören«, schimpfe ich das Hirn, das wie immer schmollt und schweigt, wenn es gemaßregelt wird.

- *Sinnfragen*
  Es hat doch alles eh keinen Sinn, wozu das alles – das sind völlig fatale K.-o.-Sätze, die niemandem helfen, die sollen weg. Was aber durchaus eine Berechtigung hat, ist die Frage, ob das, was man macht oder wie man lebt, stimmig, sinnhaft ist. Nicht für andere, für sich selbst. Wenn das nicht übereinstimmt, dann bekommt man es auch nicht aus dem Kopf.

- *Probleme*
  Probleme kann ich nicht aussortieren, weil sie schlichtweg einfach nicht verschwinden. Sie wabern völlig zu Recht in meinem Kopf herum, aber allein durch das Wabern werden sie halt auch nicht besser. Genauso wie bei den Entscheidungen muss eine alternative Lösung her.

Wenn ich mir die Liste so ansehe, kann eigentlich ganz schön viel weg. Die einzigen Punkte, die nicht kompletter Unsinn sind und mit denen ich lediglich anders umgehen muss, sind:

- Entscheidungen, aber mit Lösung
- Zu Erledigendes
- Selbstzweifel, aber die guten
- Sinnfragen nicht – aber Sinn
- Probleme, echte

Und was unter diese Kategorien fällt, muss leider gehen:

- Quatschfragen
- Ob vergangene Dingsbums richtig waren
- Katastrophenszenarien
- Selbstzweifel, die schlechten
- Endzeit-Sinnfragen

Bei unserem nächsten Stelldichein mit Jana, Anne und Wein präsentiere ich stolz meine Herausfindungen. »Klingt doch eigentlich ganz einfach«, schließe ich zufrieden meine Zusammenfassung und sehe erwartungsvoll von einer zur anderen. Die beiden sehen wenig beeindruckt aus und wechseln Blicke. »Hey!«, winke ich, »was ist los?«

Jana beugt sich zu mir. »Meine Liebe«, sagt sie und sieht mich bedauernd an, »das Problem ist nicht, dass niemand wüsste, dass Grübeln nichts bringt. Das Problem ist, dass man es nicht einfach so abstellen kann.« Und dann lehnt sie sich wieder zurück.

Verdammt. Daran hatte ich noch gar nicht gedacht.

# UND WAS MACHE ICH JETZT?

Papperlapapp, denke ich, es gibt eine Million Methoden gegen Grübeln, ich habe im Internet nachgesehen. Und mit »im Internet« meine ich nicht die Webseiten von selbst ernannten Life-Coaches, die strahlend hinter ihrem Laptop posieren. Die hab ich ja gefressen – obwohl ich zugeben muss, ich folge einem von denen auf Instagram. Aber es ist ein Hass-Folgen! Hass-Folgen – macht das noch jemand? Ich kenne nur Jana, die das auch macht, und ich hoffe, wir sind nicht allein da draußen. Jana Hass-folgt einer C-Promi-Tante, und wenn sie die sieht, regt sie sich unheimlich auf. Sie hält mir dann immer ihr Handy vor die Augen und sagt Sachen wie: »Siehst du das? Das gibt's doch nicht? Wie blöd muss die Alte sein? Das ist doch unfassbar?«

Aber es ist wie ein Verkehrsunfall: Sie muss einfach hingucken. Mit Entsetzen, aber hingucken. Ich Hass-folge also diesem Coach und jedes Mal, bevor er irgendeine abgekupferte Phrase herausposaunt (»Wenn du in einem Loch sitzt – dann hör endlich mit dem Graben auf!«), klatscht er vorher so dynamisch-knackig in die Hände und reißt dabei die Augen auf. Dafür hasse ich ihn besonders. »Er macht es schon wieder! Siehst du das?«, frage ich dann und halte ebenfalls mein Handy vor Janas Nase, aber wir sind beide immun gegen den Hass-Star der anderen.

Also bei dem habe ich nicht nachgesehen, was man so gegen Grübeln tun kann. Es gibt aber ganz seriöse Studien zum Thema, und dann heißt es auch nicht Grübeln oder Overthinking, sondern *Rumination* – und das klingt doch schon mal deutlich ernsthafter. Auch wenn das Wort abgeleitet ist vom Lateinischen *ruminare,* und das bedeutet so viel wie wiederkäuen. Reizend, was. Ob mich die Forschung gerade Kuh genannt hat?

Jedenfalls hat eine ganze Menge Neurowissenschaftler, Neurobiologen und Psychologen unzählige Arbeiten zum Thema veröffentlicht, international und seit knapp 20 Jahren. Wenn ich also hier verschiedene Methoden ausprobiere, dann sind die von *diesen* Leuten. Eine dieser Methoden ist: Ablenkung! Und das sind gute Nachrichten, denn ich kann mich ganz großartig ablenken! Um nicht zu sagen, exakt das wurde mir schon in der Grundschule bestätigt: »Alexandra lässt sich im Unterricht leicht ablenken.« Dass mir das mal noch was nützen würde!

Gut gelaunt und voller Vorfreude krabble ich an diesem Abend ins Bett und kuschle mich in die Kissen, bereit, mich ins Gedankenkarussell zu stürzen und mich dann aber so was von abzulenken. Und mit diesem großartigen Plan schlafe ich auf der Stelle tief und fest ein.

Das ist ungewöhnlich. Normalerweise schläft nur José auf der Stelle tief und fest ein, während ich vor mich hin grüble und ihn ein bisschen hasse für seinen unbekümmerten Schlaf. Die nächste Gelegenheit, mich um mein Grübeln zu kümmern, folgt direkt am Tag darauf: Während ich zu Hause am Schreibtisch sitze und arbeite, schläft mir der Fuß ein.

*Das passiert, wenn der Fuß nicht gut durchblutet ist, hmmhmm, vielleicht ein Gefäßproblem, hmmhmm, ist ja symptomatisch für so Deppen wie dich, die das Rauchen nicht sein lassen können, hmmhmm, da bekommt man dann offene Stellen und dann wird amputiert … am Zeh fängt es an und am Ende der Oberschenkel, na ja, selber schuld, was …* Bedauernd sehe ich mich im Krankenbett röcheln, und erst als der Gedanke kommt: »Also ich habe es wirklich nicht anders verdient«, wird mir plötzlich klar, wer hier schon wieder eine Folge von *Armut, Krankheit, Tod* inszeniert. »Hörst du wohl sofort auf damit!«, schimpfe ich mein Hirn. Das mit der Ablenkung war mir offensichtlich wieder komplett entfallen.

*Hehehe*, macht es frech und lässt mich wieder mit meinem Schreibtisch und dem Computerbildschirm allein. Das ist doch unfassbar – da passt man kurz nicht auf und schon ist man die Beine los und siecht dahin!

An diesem Abend sitzen wir Damen in unserer Stammpizzeria »Napoli«.

»Die Raucherei solltest du aber wirklich bleiben lassen«, nickt Anne und sieht mich dabei vorwurfsvoll an. »Jetzt fang du auch noch an!«, fahre ich sie an und ich bin mir nicht sicher, meine aber, es ganz leise im Hinterhirn kichern zu hören.

»Also?«, fragt Jana und knabbert an ihrem Grissini, »was mach ich denn jetzt, wenn ich zu sehr grüble? Hast du schon was herausgefunden? Mir geht das ja fast jeden Tag im Kopf rum, dass KI meinen Job demnächst überflüssig macht, ich kann mich da richtig reinsteigern.«

Und das ist auch genau das Problem, finde ich: »Es gibt zwar jede Menge interessanter Studien zu verschiedenen Methoden, aber alle beziehen sich ganz allgemein auf *Rumination*, also Kopfzerbrechen, Grübeln, Overthinking oder wie immer man es nennen mag. Dabei sind die Dinge, die uns das Hirn zermartern, völlig unterschiedlich! Was mir hilft, damit ich mich nicht mehr ewig für eine peinliche Situation geniere, hilft doch noch lange nicht gegen eine Existenzangst – oder umgekehrt! Und wenn ich mir einrede, dass ich eine Null bin, brauche ich doch ein anderes Werkzeug, als wenn mir permanent einfällt, was ich noch alles zu erledigen habe!«

Jana schnappt sich noch ein Grissini. »Verstehe – du willst also für jede Kategorie die richtige Methode finden? Aber gibt es nicht irgendwas, das immer geht?« Und das gibt es durchaus. »Also was so generell hilft, damit man weniger schwarzsieht und das Gehirn mehr in eine positive Richtung programmiert, das wird dir nicht gefallen«, sage ich und Jana horcht auf.

Ich grinse sie an. »Schon mal was von einem Dankestagebuch gehört? Das zum Beispiel geht immer. Wär das was?« Jana beißt ihr Grissini mittendurch. »Dankestagebuch? Bist du bekloppt? Ich habe eine Liste mit Dingen, die ich hasse!«

Und so ist es mit allem, was ich bis jetzt herausgefunden habe: Manche Dinge funktionieren nicht für jeden und vor allem – nicht für alles!

Klar kann man versuchen, den Kopf freizubekommen, und anfangen mit »Visualisieren« (lustig, das klingt immer wie halluzinieren, oder?) oder Joggen oder Autogenem Training, oder man hört einfach ein Hörbuch. Das ist bestimmt toll, hilft aber überhaupt nicht, wenn man in Entscheidungsschwierigkeiten festhängt …

Es muss für all diese verschiedenen Dinge etwas Passendes her, wir erinnern uns …

Eine Lösung für:

- Zu Erledigendes
- Vergangenheitsgrübeleien
- Entscheidungen, die anstehen
- Katastrophenszenarien und Zukunftssorgen
- Selbstzweifel
- Probleme
- Sinnfragen

Also los.

# ZU ERLEDIGENDES

Zu Erledigendes kommt in allen möglichen Formen daher und hat die unschöne Eigenschaft, dass es nicht verschwindet, wenn man es ignoriert. Im Gegenteil. Es steigert sich lediglich die Dringlichkeit. Wie diese Apparate zum Tennisspielen-Lernen, kennt die jemand? Das sind so kleine Kästen mit einem Trichter voller Tennisbälle obendrauf, und diese Maschine pfeffert in regelmäßigen Abständen Bälle übers Netz. So kann man das Zurückspielen üben, ohne Tennislehrer:innen zu verschleißen. Genau so bekommt man den ganzen Tag zu Erledigendes zugespielt, das man irgendwie wegpfeffern muss. Das fängt in der Früh schon an mit Mails, die eine Antwort wollen oder, schlimmer noch, eine Handlungsaufforderung beinhalten. Zusammen mit den Bällen, die von gestern noch in der Luft hängen, und denen, die schon länger darauf warten, zurückgeschossen zu werden, sieht man manchmal den Himmel vor lauter Tennisbällen nicht mehr.

Meine ganz große Fehlannahme war, dass ich, wenn ich mich nur genug anstrenge, irgendwann alles abgearbeitet haben würde, alle Bälle zurückgespielt haben würde … und dann könnte ich mich endlich entspannt zurücklehnen, einen Aperol Spritz bestellen und mit meinen Freunden am See sitzen oder was die Leute so tun, wenn sie Freizeit haben. Es hat Jahre gedauert, bis ich verstanden habe, dass dieser Moment nicht kommt. Also nicht nur jetzt nicht und demnächst nicht sondern – nie.

Die schier unendliche Anzahl an Bällen hat sich außerdem über die Jahre gesteigert – das kam schleichend. Und je mehr Lebensräume sich öffneten, desto mehr kamen hinzu. Allein das Mutterwerden hat eine ganz neue Dimension an Aufgaben mit sich gebracht – die ich im Voraus auch gar nicht so gut abschätzen konnte! Zu allen Erledigungen, die der Job, die Beziehung, die Wohnung, das Auto, der Freundeskreis, der Drucker und das Leben so generell für mich bereithielten, kam dann noch dieses menschliche Tamagotchi hinzu, das ich am Leben halten musste.

Kein Wunder, dass trotz Elternzeit und allem manche irgendwann in sich versunken am Boden sitzen, mit einem Tennisschläger in der Hand, und nur noch zusehen, wie die Bälle rundherum einschlagen. Burn-out heißt das dann oder Depression oder so etwas, zu viele Bälle jedenfalls.

Es gibt ein paar beneidenswerte Leute, denen macht das anscheinend überhaupt nichts aus. Mein Freund Ole ist so einer – und er ist mir dahingehend ein Rätsel. Ole ist geschäftlich in derart viele verschiedene Projekte verwickelt, da sprechen wir überhaupt nicht mehr über Tennisbälle. Was Ole macht, ist, permanent von einem Tennisplatz zum anderen zu sprinten … und er sitzt trotzdem total entspannt mit einem Aperol Spritz am See!

Wer aber auch nur ansatzweise so ähnlich gestrickt ist wie ich, hat auch noch diesen doofen Satz aus der Kindheit im Ohr:

*Zuerst die Arbeit, dann das Vergnügen!*

Heißt, so lange es Dinge zu tun gibt, wird sich nicht zurückgelehnt, Fräulein. Und das ist natürlich fatal, denn es gibt immer Dinge zu tun. Selbst wenn ich an diesem Tag alle Mails beantwortet habe, die Papiere für den Steuerberater zusammengesucht habe, den Drucker zum Reparieren gebracht habe, den Zirkel für das Kind besorgt habe, den Einkauf, Abwasch und die Wäsche gemacht habe – wenn ich mich dann aufs Sofa setze, habe ich sofort ein schlechtes Gewissen: Ich muss noch die Gästeliste für den Kindergeburtstag machen, den Impfpass vom Hund suchen, ich sollte mir ein Geschenk für Mamas Geburtstag überlegen … ganz abgesehen von den Dingen, die ich mangels akuter Dringlichkeit schon länger vor mir herschiebe: mit der Bank sprechen wegen dem Wohnungskauf, den Reisepass innerhalb der nächsten sieben Monate erneuern, mich um meinen Rentenplan kümmern …

Wegen all dieser Dinge fühle ich mich gehetzt – es sind einfach zu viele Bälle – und, besonders dämlich, ich nehme mir deswegen viele Dinge nicht vor, die ich gerne machen würde, denn das ist so, als würde ich noch einen Ball hinzufügen! Blödes Beispiel: Ich möchte schon seit langer Zeit eine Wand in meinem Schlafzimmer dunkelrot streichen. Das ist nichts, was ich tun muss – ich will das wirklich! Stelle ich mir total schön vor! Aber wenn ich nach meinem Tennisball-Maschinen-Tag auch noch mein Schlafzimmer abkleben muss, Möbel wegrutschen und Folie auslegen, um dann anfangen zu können, die Ecken zu pinseln … Oh Gott, die Farbe muss man ja auch noch besorgen vorher! Dann lasse ich es lieber gleich bleiben.

Wenn ich mir meine Mutter so ansehe, scheint es, als würde sich das mit dem Alter irgendwann bessern. Das liegt ja auch in der Natur der Sache: Wenn die Arbeitswelt wegfällt, das Kind (ich in diesem Fall) aus dem Gröbsten raus ist, wenn man keinen Drucker mehr benötigt und der Rentenplan so weit geregelt ist – dann werden die Bälle weniger. Im Fall meiner Mutter sind die Erledigungen fast gegen null gesunken. Es gibt noch welche, Arztbesuche, einkaufen, täglich spazieren gehen und solche Dinge, aber die Dringlichkeiten halten sich in Grenzen. Wenn dann aber mal etwas außer Reihe daherkommt, bekommt es allerhöchste Priorität und muss sofort gemacht werden! Unvergessen, wie mich meine Mutter einmal mit dem Auto in Spanien besucht hat (da wohne ich), und während ihres Aufenthalts meldete das Auto durch ein Lichtsymbol am Armaturenbrett das Bedürfnis an, demnächst zur Inspektion gebracht zu werden. Als meine Mutter das Symbol entdeckte, saß ich gerade am Schreibtisch und arbeitete. Aufgeregt kam sie ins Arbeitszimmer: »Wir müssen in eine Werkstatt!«

Das sagte sie mit solch einer überzeugenden Gewissheit, dass ich die Aussage überhaupt nicht infrage stellte: Ich fing sofort an, im Internet eine Vertragswerkstatt zu suchen. Als ich eine gefunden hatte und dort anrief, übersetzte ich die Frage des Automechanikers: »Was fehlt dem Auto?«

»Nichts«, sagte meine Mutter.

Nach einem Moment der Stille hielt ich die Hand vor das Mikrofon des Handys. »Ämm – warum genau müssen wir in die Werkstatt?«, fragte ich nach und meine Mutter sagte stolz: »Ich habe nachgesehen, es muss zur Inspektion.« Für meine Mutter völlig unverständlich verabschiedete ich mich höflich von dem Herrn und legte auf. Ich hatte nicht nur an diesem Tag einen Artikel fertigzustellen und abzuschicken, es musste außerdem das Kind vom Kindergarten abgeholt werden, und allein diese Kombi hatte es schon in sich. Meine Mutter war entsetzt. Da kam, um bei dem Tennis-Vergleich zu bleiben, ein einzelner Ball in ihre Richtung geflogen, und es war ihr nicht möglich, ihn umgehend zurückzuschlagen – schuld: ich.

Es half auch nichts, dass ich verschiedene Quellen zitierte, die allesamt versicherten, es handele sich um Richtwerte, so genau müsse man das nicht nehmen – sie blieb den ganzen Tag, den ganzen Abend und den nächsten Tag nervös und hibbelig, bis wir die Karre endlich in die Werkstatt fuhren. Das Vertrackte daran ist: Meine Mutter ist ja nicht blöd. Sie WEISS, dass es überhaupt keinen Unterschied macht, ob wir gestern, heute oder in zwei Wochen zur Inspektion fahren. Sie hält nur das Gefühl nicht aus, dass es etwas zu tun gibt, das sie nicht erledigen kann. Also das Gefühl des Tennisballs in der Luft. »So bin ich halt, da kann ich ja auch nichts dafür«, sagte sie und – ja nun.

»Du brauchst gar nicht hupen«, macht sich Jana lustig, als ich ihr die Geschichte erzähle, »du musst doch auch immer alles sofort erledigen«, und – Aaarrrggghh – sie hat schon wieder recht. Ich erledige gern Dinge sofort – es ist einfach ein befriedigendes Gefühl, einen Tennisball umgehend zurückzuschmettern. *Dann ist das schon mal weg*, freue ich mich innerlich – auch wenn es sich um eine komplett unwichtige Kinkerlitzchen-Sache handelt. Das ist so wie im Supermarkt. Am Eingang sind die Kartoffeln, die lege ich gleich in den Korb und schleppe sie dann den ganzen Einkauf quer durch den Supermarkt, obwohl ich kurz vor der Kasse wieder an den Kartoffeln vorbeikomme, denn: *Dann hab ich die schon mal.* »Präkrastination heißt das«, grinst mich Jana an und lehnt sich entspannt zurück und ich bin verwirrt. »Moment – hieß das nicht Prokrastination?«, aber Jana schüttelt den Kopf. »Präkrastination ist, wenn man alles schnell erledigt. Prokrastination ist, wenn man Sachen aufschiebt, also das genaue Gegenteil.«

Und meine Lieben, ich habe das ganz große Los gezogen, scheint's: Ich mache nämlich beides! Hurra.

Ich schiebe die wichtigen Dinge auf, dafür erledige ich die simplen sofort. Wer hat sich nur dieses bekloppte System ausgedacht, frage ich mich und sehe direkt mein Hirn vor mir.

»Kein Wunder, dass du in Tüddel kommst, meine Liebe«, grinst Jana. In den, wie Jana es nennt, »Tüddel« kommt meine liebe Anne auch – aber aus ganz anderen Gründen: Anne ist nämlich eine Perfektionistin durch und durch. Das heißt, sie nimmt sich zwar durchaus der anstehenden Dinge an, braucht aber immer unsäglich lange für alles, weil sie will, dass alles perfekt ist. Ich bin einmal mit Anne losgezogen, um ein Geburtstagsgeschenk für Jana zu finden – ohne dass wir eine Idee gehabt hätten, was genau wir suchen. In meiner naiven Unbekümmertheit sah ich uns durch ein paar Geschäfte streifen, und wenn wir etwas sähen, das uns beiden gefiel – und Jana im besten Fall auch –, dann nähmen wir das und gingen anschließend einen Kaffee trinken. Pustekuchen. Am Ende des Tages haben wir ein Paar Sneakers gekauft, und zwar für mich, einfach weil ich keinen Meter mehr in meinen Boots laufen konnte – und zogen tags drauf noch mal los. »Ich sage zumindest, dass ich ewig brauche«, verteidigt sich Anne. »Was mir so richtig auf die Nerven geht, ist, wenn sich die Leute permanent verschätzen, wie viel Zeit sie für etwas brauchen! Meine Mum! Die plant für alles, was sie zu tun hat, eine halbe Stunde ein – ob sie einkaufen geht, die Oma besucht oder ans andere Ende der Stadt fahren muss. Wie lange brauchst du? Eine halbe Stunde! – Dabei braucht sie immer doppelt so lange! Mindestens!«

»Ha!«, fällt mir da das Wartezimmer meines Zahnarztes ein, »ich glaube, mein Zahnarzt plant so ähnlich.«

Ob man nun zu perfektionistisch ist oder sich in der Zeit verschätzt, aufschiebt oder die falschen Dinge zuerst erledigt: So oder so hat man permanent eine ganze Menge *Ich muss noch … Dingsbums* im Kopf, und das stresst ungemein. Ich würde tippen, »Zu Erledigendes« macht die Hälfte dieser großen schwarzen Wolke aus, die ich hinter mir herziehe. Sie ist immer da, egal wo ich bin, tagsüber sehe ich diese Wolke zeitweise nicht, einfach weil ich mit anderen Dingen beschäftigt bin, aber spätestens abends im Bett: Voilà!

Eine der Techniken, um sich von den Wolken im Kopf abzulenken, ist, die Sinne auf das Hier und Jetzt zu lenken.[3] Damit könne man das Hirn dazu bewegen, woanders hinzusehen, heißt es. Ich stelle mir das so vor wie damals, als das Kind klein war: Selbst bei Dramen epischen Ausmaßes mit viel Tränen und Geschrei konnte man immer total überrascht auf den Boden neben dem Kind zeigen und sagen: »Oh! Sieh mal! Eine Ameise!« Das Kind suchte dann mit den Augen sofort den Boden ab und vergaß, dass eigentlich gerade die Welt unterging. Da musste noch nicht mal eine Ameise sein![4]

Also so ähnlich soll man sich auch selbst reinlegen können. Man lenkt praktisch die Aufmerksamkeit von Hirni von sich selbst weg und »nach draußen«. Eine Übung dazu ist, sich nacheinander auf die fünf Sinne zu konzentrieren. Also:

- Was sehe ich?
- Was höre ich?
- Was fühle ich?
- Was rieche ich?
- Was schmecke ich?

»Hoffentlich schlafe ich nicht wieder ein«, denke ich, als ich ins Bett gehe, und das ist, glaube ich, ein Satz, den ich beim Zubettgehen noch nie gedacht habe. Aber es ist ganz einfach: Ich brau-

---

3 Empfiehlt beispielsweise der Psychotherapeut Tobias Teismann in seinem Buch *Grübeln: Wie Denkschleifen entstehen und wie man sie löst.* BALANCE, Köln 2014, 2. Aufl.

4 Blöd: Irgendwann funktioniert dieser Trick nicht mehr. Das Kind ist inzwischen elf und das letzte Mal, als ich die Ameisennummer gebracht habe, versuchte ich, aus der Diskussion um ein eigenes Handy rauszukommen. »Ich will aber! Alle anderen haben auch eins! Das ist so unfair!« Als ich da ganz überrascht neben ihm auf den Boden gedeutet habe: »Oh! Sieh mal! Eine Ameise!«, hat er nur den Kopf schiefgelegt und mich von unten angesehen mit diesem »Echt jetzt, Mama?«-Blick.

che meinem Hirn nur einen kleinen Stups in Richtung »Zu Erledigendes« zu geben und schon rattert es auf den wohlbekannten Gleisen dahin. Vom Paintball zur Autoversicherung, dann zu der Mail, um den Kunden zu überzeugen, dass seine Idee Kacke ist, eine Alternative finden, den Grafikern Bescheid sagen, habe ich schon ein Geschenk für meine Mutter? (Nein.) Und ich brauche unbedingt Passbilder für den blöden Reisepass – wie lange vorher muss ich den überhaupt beantragen? Bin ich schon zu spät? Und wo wollen wir im Sommer überhaupt hinfahren? Immer auf den letzten Drücker, echt …

Je länger ich das laufen lasse, desto mehr kommt hinzu. Einmal in Fahrt, nimmt dieser Zug an Geschwindigkeit auf. Wobei – eigentlich ist es nicht EIN Zug. Es sind viele verschiedene Züge, alle auf sich überkreuzenden Gleisen. Und die Zugführer schreien die ganze Zeit. Perfekt für meine Übung.

- *Was sehe ich?*
  Es ist Nacht und ich habe die Augen zu, was werde ich schon sehen: nichts. Vielleicht ist nachts auch nicht der beste Zeitpunkt für diese Übung …

- *Was höre ich?*
  Das höchst zufriedene Schnurcheln von José – und von meinem Hund. (Warum regt mich das Schnarchen vom Hund überhaupt nicht auf – während ich auf den Mann an meiner Seite richtig sauer werde?)

- *Was fühle ich?*
  Hauptsächlich – Bettdecke? Und diese Stelle am Rücken unter dem Schulterblatt … ich sollte wirklich regelmäßig ein paar Übungen für den Rücken machen. Außerdem noch einen minimalen Groll von heute Morgen, als L. mal wieder zu spät das Kind abgeholt hat. Zählt das auch?

- *Was rieche ich?*
  Hoffentlich furzt der Hund nicht. Das ist der fieseste Geruch, oder? Alter-Hund-Furz. Zugegeben, ich habe den Hund oft genug als Ausrede benutzt – besonders, als die Verliebtheit noch frisch war und furzen total peinlich. »BOAH! Warst du das?« »Nein! Das war der Hund!« Geht immer.

- *Was schmecke ich?*
  Zahnpasta.

So eine Scheißübung. Und die Passbilder für den Reisepass muss ich immer noch machen – wie lange vorher muss ich den überhaupt beantragen? Bin ich schon zu spät? Und wo wollen wir im Sommer überhaupt hinfahren? Immer auf den letzten Drücker, echt …

Also so der ganz große Bringer war das jetzt nicht, finde ich. Die schwarze Wolke hängt in ihrer vollen Pracht noch genau da, wo sie vorher auch hing, nämlich über meinem Kopf. Ich habe nur einfach mal eben nicht hingesehen. So etwas Ähnliches habe ich bis jetzt instinktiv auch schon gemacht: Oft lese ich vor dem Einschlafen ein paar Seiten, zum einen lese ich gerne und zum anderen klappen mir irgendwann fast die Augen zu vor Müdigkeit. Das hat den Vorteil, dass ich schon im Halbschlaf das Licht ausknipse und gar nicht mehr so weit komme, an Erledigungen zu denken (und dass ich mit einem Buch über Monate auskomme, weil ich mich an die Hälfte des Gelesenen am nächsten Tag nicht mehr erinnern kann). Aber wehe, ich verpasse diesen Moment. Oder noch schlimmer: Ich wache nachts kurz auf. Ein falscher Gedanke an den Reisepass, und das war's dann mit Schlafen. »Ich hab dafür so eine Liste«, sagt Jana, als ich ihr von dem gescheiterten Achtsamkeitsexperiment erzähle. War klar, dass Jana eine Liste hat – Jana hat Listen für alle möglichen Dinge (siehe »Liste mit Dingen, die ich hasse«).

»Eine To-do-Liste also«, stelle ich fest und Jana nickt. »Genau. Was auf die Liste kommt, muss ich schon mal nicht im Kopf haben«, lächelt sie, und auch wenn ich Listen grauenhaft finde – es klingt doch ziemlich einleuchtend. Jana zeigt mir ihre Liste, sie hat sie in einer App und es gibt jede Menge pastellfarbene Zeilen, und so was mache ich schon mal nicht. »Ist aber praktisch«, beteuert Jana, »die Farben stehen für die Dringlichkeiten, und ich habe sie immer dabei!« Ich gehe stattdessen am nächsten Tag total analog am Buchladen vorbei und gucke, was die so anzubieten haben und – Himmel! Ich wusste nicht, dass es so viele Leute gibt, die To-do-Listen wollen. Das ist ja ein riesiger Markt! Ich greife zu einem schlichten, schwarzen Spiralblock, dem Gegenteil von Pastell, und staune nicht schlecht: 12,99 Euro soll der kosten – DABEI STEHT AUF JEDER SEITE EXAKT DASSELBE! Nämlich: *Aufgabe*, *Priorität* und *Fällig*. Wollen die mich verarschen? *Mit dem Verlag sprechen: Tagesplaner rausbringen*, schreibe ich auf meine To-do-Liste, die ich noch nicht habe, und ziehe unverrichteter Dinge von dannen. Für eine App allerdings reicht meine Bereitwilligkeit, mich mit einer neuen App auseinanderzusetzen, nicht aus – sie geht praktisch gegen null, aber: Ich habe doch diese reizende kleine »Notizen«-Funktion auf dem Handy. Bis jetzt beinhaltet sie eine Liste mit Filmen und Büchern, die ich empfohlen bekommen habe, sowie eine Notiz, von der ich keine Ahnung habe, was sie bedeutet, und die ich mich deswegen nicht zu löschen traue:

22.2. Eptavalen Bravecto Juni

Ich öffne mit einem simplen »+« ein neues Blatt im Notizblock des Handys und liste alles auf, was mir einfällt. Was dringender ist, kommt weiter nach oben, was nicht so dringend ist, weiter nach unten. Alles, was sich unendlich wiederholt, also einkaufen und Wäsche waschen und so weiter, kommt nicht mit drauf.

Nach ein paar Mal ins Leere starren und wieder etwas hinzufügen hat sich ganz schön was angesammelt. Ganz oben steht die Organisation des Kindergeburtstages, ganz unten der Rentenplan. Obwohl die Liste lang ist, ist es ein befriedigendes Gefühl, alles auf einem Haufen zu haben. Es ist, als würden die Züge langsamer. Und jetzt, wo ich es so vor mir sehe, ist es fast schon lächerlich, wie oft das Wort »Paintball« in meinem Hirn aufgeleuchtet ist – wo es so einfach wäre, dort eben anzurufen. Gesagt, getan, der Platz ist am Geburtstag noch frei und ich habe ihn reserviert. Hat fünf Minuten gedauert. Ich streiche Paintball von der Liste, und das ist so ein schönes Gefühl, das Löschen, dass ich fast geneigt bin, bei der Bank für einen Termin anzurufen, wegen der Wohnung. Fast.

Als ich an diesem Abend im Bett nach dem Handy auf dem Nachttisch angle, um noch etwas zur Liste hinzuzufügen (zwei Paar Schuhe müssen zum Schuster), schielt José interessiert herüber. »Brauchst du eine Performance zur Bewertung?«, grinst er, aber stattdessen zeige ich ihm meine Liste mit Erledigungen. »Ah«, versucht er möglichst interessiert zu klingen und runzelt dann die Stirn. »Was?«, frage ich. »Auf deiner Liste stehen nur die unschönen Dinge. Also die *Muss-Sachen*. Gar keine *Will-Sachen*.«

»*Will-Sachen*«, überlege ich laut, »du meinst so etwas wie die Schlafzimmerwand streichen?«

»Ja«, nickt José, »und *mit José an den See fahren* zum Beispiel.« Treuherzig blickt er mich an. Und das ist zum einen sehr süß, aber vor allem ist das ein guter Punkt: Ich plane nie Dinge ein, die ich gerne machen möchte.

Ich habe ein bisschen herumexperimentiert mit der Liste, den *Wills* und den *Müssen*, und ich muss sagen: Es funktioniert. Hervorragend sogar. Wer sich inspiriert fühlt, die schwarze Wolke der Erledigungen ebenfalls auszulagern – bei mir klappt das so:

- Es gibt eine Notiz im Handy mit allem, was ansteht (das ist tatsächlich praktisch, denn das Handy ist immer in Reichweite).

- Wann immer Hirni mir mit einem *Das musst du auch noch machen* daherkommt, lagere ich es direkt aus, in die Liste.

- Je nach Dringlichkeit wird es einsortiert: weiter oben oder weiter unten.

- Es gibt eine Zeit für Erledigungen auf der Liste. Bei mir ist das morgens, nach dem ersten Kaffee und den Nachrichten und vor dem Beginn der eigentlichen Arbeit, falls es sich um Mails oder Anrufe handelt. Muss ich dazu aus dem Haus, fällt die Erledigung oft mit dem Nachmittags-Hundespaziergang zusammen.

- Ich spiele morgens ein bisschen meine eigene Sekretärin – geschäftig, als sei ich bei mir angestellt, wird Zeug abgeklappert. Eine halbe Stunde reicht. Das Streichen von der Liste wirkt wie ein Guter-Laune-Schub für den Tag.

- Es gibt einen Feierabend! Also wenn nach der Arbeit noch Zeit ist, etwas zu erledigen, dann mache ich das, aber: Um 17 Uhr spätestens ist Schluss.

- Es kommen keine Dinge auf die Liste, die sich immer wiederholen (Kind abholen, einkaufen …).

- Es kommen sehr wohl Dinge auf die Liste, die ich machen muss, um beispielsweise die Schlafzimmerwand zu streichen: Farbe kaufen.

Das Schöne ist: Ich habe kein schlechtes Gewissen mehr. Schließlich kümmere ich mich durchaus um meinen Kram. Und ich bekomme keinen Schreck mehr à la »Himmel! Das muss ich ja auch noch machen!«, denn ich vergesse nichts mehr. Sobald etwas zu Erledigendes als Gedanke auftaucht, nehme ich es und platziere es dorthin, wo es hingehört: auf die Liste. Und sobald es wieder Zeit für die Liste ist (morgen früh zum Beispiel), wird sich weiter darum gekümmert. Das funktioniert sogar nachts! Wenn ich aufwache und mir fällt ein, ich sollte unbedingt mal wieder zur Vorsorgeuntersuchung, dann angle ich nach dem Handy, füge das zur Liste hinzu und kann dann ganz erleichtert weiterschlummern.

Dieses System klappt ganz wunderbar. Wer auch dazu neigt, die Erledigungen von anderen Leuten mit auf die eigene Liste zu nehmen: Guckt in mein Buch *Am Arsch vorbei geht auch ein Weg*[5] unter »Gefallen«.

»Das hätte ich auch schon viel früher machen sollen«, seufzt Anne, die wie oft sonntagabends bei mir in der Küche sitzt. »Was?«, frage ich und rühre im Topf mit der Bolognese, »eine To-do-Liste erstellen?«

»Nein«, schüttelt sie den Kopf. »Anderer Leute Erledigungen abschmettern. Ob in der Arbeit, wenn die Kollegin kurz vor Schluss regelmäßig etwas wollte, was mich dann eine Stunde länger drinbleiben ließ, oder der Umzug von Freunden … ich habe sogar beim Krötensammeln geholfen – dabei kann ich Kröten nicht ausstehen!« Und bei dem Gedanken daran schüttelt es sie ein bisschen.

»Ich habe immer Ja zu allem gesagt – das ist zwar besser geworden, aber ich frage mich schon, warum ich das gemacht habe.«

---

5 *Am Arsch vorbei geht auch ein Weg*. mvg Verlag, München 2023, mittlerweile in der 35. Auflage

»Vielleicht ist das Warum gar nicht so wichtig«, überlege ich. »Nur weil man das Warum eines Knotens versteht, löst sich selbiger damit nicht in Wohlgefallen auf.« Anne nickt. »Ja, stimmt. Ich grabe generell viel in der Vergangenheit. Hat bis jetzt noch nie was genutzt.«

Das nächste Kapitel ist für Anne. Und für alle, die das auch machen.

# VERGANGENHEITS-GRÜBELEIEN

Vergangenes immer wieder durchzukauen ist, glaube ich, der Grübel-Klassiker. Die immer wiederkehrende rückblickende Frage. *Hätte, würde, könnte* – das sind die Top 3. Gleich zu Beginn präsentiert mir Anne eine ziemlich perfide Form ihrer Vergangenheitsgrübelei, nämlich: Das Grübeln über das Grübeln.

»Ich denke total oft drauf herum, warum ich so bin. Also warum ich mir so viele Gedanken mache.«

»Das ist ja praktisch ein Meta-Gedankenmachen«, überlege ich laut und finde, Anne hat es mit ihrem Hirn auch nicht leicht. »Das geht meistens mit einem anderen Gedanken los«, sinniert Anne weiter. »Zum Beispiel, dass ich über ein Treffen vom Vortag nachdenke – und ob mich die Person wohl leiden kann oder was genau ich gesagt habe, dann fühle ich mich blöd, weil ich es im Nachhinein anders gesagt hätte, und dann geht das ganz automatisch! Ich komme schlecht drauf, drehe mich immer wieder um das Gespräch und irgendwann, ganz automatisch, halte ich mich nicht nur für eine antisoziale Kuh, die keiner leiden kann, sondern für eine antisoziale Kuh, die nicht aufhören kann, sich den Kopf zu zerbrechen.«

»Ganz schön anstrengend«, finde ich. »Ja, und das geht noch weiter«, sagt Anne. »Ich überlege dann, woher das kommt und warum ich so ein geringes Selbstwertgefühl habe, und lande dann irgendwann bei meiner Kindheit.«

»Da landet man immer, was«, überlege ich laut. Was Anne beschreibt, kenne ich auch. Manchmal geht mir ein Gespräch oder ein Treffen noch ewig im Kopf herum. Zum Beispiel, weil mein Gegenüber komisch geguckt hat und ich mich vergewissern will, dass das nicht an mir lag. Manchmal aber auch, weil ich mir ganz sicher bin, dass es an mir lag …

Unvergessen mein Friseurbesuch, bei dem der Friseur während des Spitzenschneidens ein bisschen Small Talk machen wollte und sich im Laufe dessen ganz freundlich erkundigte:

»Und was machst du beruflich?«

»Ich bin Autorin und arbeite in einer Werbeagentur … und du?«

Und da hielt er kurz inne, schaute mich im Spiegel an und sagte:

»Ich … bin Friseur.«

Wir redeten dann noch weiter, als wäre nichts gewesen, was will man auch machen – ich konnte ja nicht mal weg, aber ich bin mir hundertprozentig sicher, an diesem Abend hat sich der Friseur mit seinen Kumpels noch mal kräftig auf die Schenkel geklopft: »*UND DU*, hat sie gefragt! Hahahaah! Ich hätte sagen sollen ich bin – Architekt! Hahahaha …«. So in der Art.

Das ist peinlich, aber es kommt der Moment, in dem man die Peinlichkeit überwunden hat und die Geschichte selbst erzählt, damit sich alle auf die Schenkel hauen.

Andere Gespräche gehen noch ein paar Mal im Kopf spazieren, weil man noch mal checken will, ob man alles gesagt hat, was man sagen wollte, weil man Anlass hat zu glauben, dass man sich vielleicht missverständlich ausgedrückt hat, oder weil man befürchtet, das Gegenüber hat etwas in den falschen Hals bekommen und ist nun beleidigt. Wenn diese Zweifel nicht gehen wollen, kann man durchaus mal nachfragen – aber: Bis jetzt hat mein Gegenüber jedes Mal, wenn ich gefragt habe: »Sorry, aber gestern – ich glaube, ich habe mich da blöd ausgedrückt, ich wollte dir nicht an den Karren fahren …«, mich immer total überrascht angeguckt und wusste nicht, von was ich rede. Umgekehrt ist mir das auch schon passiert: Da kommt jemand ganz geknickt und man sieht, es ist ihr unangenehm, es wird etwas herumgestopselt und dann kommt eine Entschuldigung für etwas, an das man überhaupt keine Erinnerung hat.

»Du hast WAS zu mir gesagt? Kann ich mich nicht erinnern.«

Sehen wir es, wie es ist: Kein Mensch schenkt unseren holden Worten so viel Beachtung wie wir selbst. Die wirklich wenigen Male, in denen man sich komplett im Ton (oder der Aussage) vergreift – die bemerkt man doch sofort. Zum Beispiel, weil einen das Gegenüber fragt, ob man eigentlich noch alle beisammenhat. DAS sind Gespräche, die man eventuell noch mal rekapitulieren sollte.

Im Fall von Anne sind es aber alle anderen Gespräche auch. Sie rekapituliert so gut wie jede Situation, in der sie mit anderen Leuten spricht, und das vorzugsweise abends im Bett, was sie nicht einschlafen lässt. Sie malt sich dann aus, was sie anders hätte sagen oder machen sollen, wie die anderen sie wohl wahrgenommen haben, und Überraschung: Das fällt nie positiv aus. Also es passiert nie, dass Anne sich an das Gespräch beispielsweise mit ihrer Nachbarin erinnert und zu dem Schluss kommt:

*Also gestern, das lief bombig. Ich kam derart eloquent und sympathisch rüber, ich bin eine wahre Wucht.*

Das passiert nicht. Es passiert immer:

*Ich bin so eine soziale Null,*
*das darf echt nicht wahr sein.*

Und dann:

*Warum bin ich nur so?*

»Ich mache mir wirklich Sorgen, was es für Folgen hat, dass ich immer über so viel Zeug grüble«, sagt sie und klingt dabei schon so niedergeschlagen, wie sie sich in den Momenten fühlt. »Ich weiß ja, dass es mich nur runterzieht – und ändern kann ich eh nichts mehr im Nachhinein.«

»Wein?«, biete ich im Affekt an, denn das mache ich immer, wenn ich helfen will und keine Antworten habe. »Gern«, lächelt Anne.

Ob es etwas hilft, wenn wir ihr versichern, dass sie, zumindest wenn wir dabei sind, völlig normal ist im Umgang? Jana und ich erleben Anne ja auch in größerer Runde und ganz ehrlich: Sie ist zwar etwas zurückhaltender, als wenn nur wir drei zusammenhocken – aber von einer sozialen Null weit entfernt. Die soziale Null in der Runde ist ganz klar Dirk, und der hält sich leider überhaupt nicht zurück, das ist auch so ein Phänomen, oder? Dass die größten Knaller die Klappe immer am weitesten aufreißen. Eigentlich kann man zu 99 Prozent davon ausgehen, dass, wenn man zu der Gruppe von Leuten gehört, die sich im Nachhinein Gedanken machen, wie sie bei anderen ankommen, in der Regel keine Notwendigkeit besteht, sich dahingehend Sorgen zu machen – und den Dirks dieser Welt stellt sich die Frage eh nicht.

»Es hilft ein bisschen«, sagt Anne. Ob sie die Treffen mit Jana und mir auch Revue passieren lässt, will ich wissen, und kurz überlegt sie, aber dann schüttelt sie den Kopf.

»Nein, eigentlich nicht – also ganz selten. Ich denke vielleicht an einen Abend, wenn der besonders nett war oder wenn eine von euch etwas erzählt hat, über das ich noch nachdenke, aber das ist eher positiv.« Ob es noch andere Leute gibt, bei denen sie nicht das Bedürfnis verspürt, vergangene Gespräche wieder und wieder durchzuspielen?

»Meine Familie!«, sagt sie, und dafür muss ich sie dann kurz an mich drücken. Und so kommen wir darauf, dass Anne sich bei allen anderen immer unsicher ist, was sie wohl von ihr halten. Sie kann sich selbst so schlecht einschätzen, dass sie befürchtet, komplett falsch zu liegen mit dem, was sie sagt oder tut. Deswegen geht sie alles immer noch mal durch – eigentlich logisch, aber ihr Hirn macht einen Fehler dabei: Es ist ja kein objektives Checken, ob alles okay war, und da kommt dann vielleicht einfach »Ja!« raus. Es geht immer nach unten! An diesen dunklen Ort, wo sie sich darum dreht, was sie anders formulieren oder hätte machen sollen und wie ihr Verhalten wahrgenommen wird (schlecht).

»Und nehmen wir an, du würdest das einfach nicht mehr machen, was wäre dann?«, frage ich sie und Anne reißt die Augen auf: »Dann habe ich – keine Kontrolle!«

»Über was?«

»Ich weiß auch nicht«, sagt Anne, und dann trinken wir den Wein, ohne weiterzureden.

Nach ein paar Tagen meldet sich Anne wieder. Sie hat darüber nachgedacht, warum ihr die Vorstellung so unangenehm ist, die Analyse ihrer gesamten sozialen Interaktionen einfach bleiben zu lassen. »Ich weiß ja, dass ich die Vergangenheit nicht ändern kann«, sagt sie, »aber ich habe Schiss, dass ich etwas total Dummes gesagt habe! Und ich habe das Gefühl, ich kann mich so vielleicht irgendwie – vorbereiten! Auf zukünftige Situationen.«

Das Gefühl verstehe ich gut – es ist ein Trugschluss. Die Idee ist die gleiche wie bei meinen Fahrten in die Hölle, wir erinnern:

*Wenn ich mir im Vornherein ausmale, wie alles genau werden kann – dann bin ich vorbereitet! Eine reine Vorsichtsmaßnahme!*

Aber genauso irreal wie meine Katastrophenszenarien ist die Annahme, zukünftige Zusammenkünfte mit anderen Leuten wären identisch mit vergangenen. Es ist eine Schein-Sicherheit, die wir uns da vorgaukeln – beziehungsweise die uns unser Hirn da vorgaukelt. Super Idee mal wieder!

»Okay«, versuche ich es ganz rational: »Wir fassen zusammen: Gibt es irgendwelche Anzeichen dafür, dass die Leute verärgert sind, wenn sie mit dir gesprochen haben? Zum Beispiel weil sie sagen, dass sie sich ärgern? Den Kontakt abbrechen? Irgendwas in der Art?«

»Nee.«

»Du weißt, dass dich dieses ewige Wiederholen von vergangenen Situationen runterzieht, richtig?«

»Ja.«

»Es geht dir auf die Nerven.«

»Ja.«

»Wir sind uns einig, dass es dir nicht für die Zukunft nützt?«

»Ja.«

»Du gewinnst keine neuen Erkenntnisse dadurch, oder?«

»Mmmmmmnein.«

»Meinst du, es gibt irgendetwas, das so dumm ist, dass du dich nicht hinterher dafür entschuldigen könntest, falls es dir leidtut?«

»Mmmmmmnein, ich glaube nicht.«

»Wie wär's? Versuchen wir, das bleiben zu lassen?«

»Okay.«

»Herrlich!«, freue ich mich. »Ich bin nämlich auf eine Methode gestoßen, die einem helfen soll, sich das Grübeln abzugewöhnen, die klingt sensationell!«

»Ah. Und zwar?« Anne sieht skeptisch aus.

»Der … Grübelstuhl!«, antworte ich triumphierend und breite beide Hände aus. »Tataaaa!«

Annes Gesichtsausdruck lässt keine große Veränderung erkennen, also lese ich ihr vor:

> Bei Grübelgedanken höherer Intensität kann die Grübelstuhl-Technik empfohlen werden. Patienten werden gebeten, zum Grübeln (und Sich-Sorgen) ihr Bett und das Schlafzimmer zu verlassen. Durch dieses Vorgehen kann die Konditionierung zwischen der Bettsituation und anspannungsverstärkenden Grübelgedanken durch Unterbrechung der Kontiguität schrittweise aufgelöst werden. Dabei werden im Sinne einer paradoxen Intervention Grübelgedanken »erlaubt«, was deren Penetranz und Aversivität reduzieren kann.[6]

---

6 Rolf Binder, Florian Schöller, Hans-Günter Weeß: *Therapie-Tools Schlafstörungen*. Beltz, Weinheim 2020

Anne sieht noch exakt genauso skeptisch aus wie vorher.

»Das klingt doch sensationell!«, versuche ich, etwas Euphorie zu verbreiten.

»Sensationell«, wiederholt Anne und klingt dabei kein bisschen euphorisch.

Trotzdem verspricht Anne, dem Grübelstuhl zumindest eine Chance zu geben. Aus reiner Freundschaft, aber auch, weil sie schon öfter miterlebt hat, wie vermeintlich eigenartige Methoden tatsächlich funktioniert haben, und wer weiß, vielleicht wirkt er ja Wunder!

Anne ernennt also ihren Küchenstuhl zum Grübelstuhl und verlässt prompt brav ihr Bett, wenn sie merkt, dass sie anfängt, die Gespräche des Tages durchzugehen. Sie setzt sogar noch eins drauf und trottet brav zu ihrem Stühlchen, wenn sie gerade auf dem Sofa sitzt, den Abwasch macht oder sonst irgendwo in ihrer Wohnung ist. Konsequent. Nur unterwegs geht das schlecht. Im Bus, im Wartezimmer ihres Hausarztes oder beim Einkaufen … dass sie da ihren Jutebeutel unter den Arm klemmt und nach Hause auf ihren Stuhl rennt, das macht sie nicht.

»Und, wie läuft es?«, frage ich sie beim nächsten wöchentlichen Treffen in unserem Stammcafé. »Na ja«, sagt Anne, »ich grüble jetzt abends im Bett nicht mehr so lange über vergangene Gespräche nach«, sieht dabei aber überhaupt nicht erfreut aus. »Aber das ist doch großartig!«, finde ich, und Anne legt den Kopf schief. »Schon, aber jetzt sitze ich halt im Nachthemd auf dem Küchenstuhl und grüble über vergangene Gespräche nach.«

»Oh.«

»Warum tust du das?«, fragt Jana dazwischen, die von unserem Experiment noch nichts weiß. »Wir probieren an Anne den Grübelstuhl aus«, erkläre ich schnell, merke aber sofort an Janas Gesichtsausdruck, dass ich eventuell etwas weiter ausholen muss.

»Dass du das durchziehst, finde ich erstaunlich«, sagt Jana, als sie im Bilde ist, und schüttelt den Kopf. »Nachts im Nachthemd auf dem Küchenstuhl sitzen, bei aller Liebe, das mache ich genau einmal und dann nie wieder.« Ich muss zugeben, das ist ungefähr genau die Anzahl an Versuchen, die ich auch gemacht hätte. Sofort habe ich ein schlechtes Gewissen: »Tut mir leid, Anne – ich wollte dich nicht nächtelang auf den Küchenstuhl verbannen, Himmel …«, aber während ich noch nach Worten suche, winkt Anne lächelnd ab. »Iwo, keine Sorge, das Lustige ist: Es hat tatsächlich was gebracht, nur eben anders.«

Und dann erzählt Anne, wie sie am Tag nach der ersten Grübelstuhl-Übung in der Fußgängerzone unterwegs war und an die Versammlung ihres Vereins denken musste. Anne ist in einem Kulturverein, der jährlich ein Fest für das Jugendprogramm der Stadt organisiert. Sie sind dort 15 Leute, und alle paar Monate treffen sie sich zur Lagebesprechung. In dieser Versammlung nun hatte Anne sich zu Wort gemeldet, um Organisatorisches zum Besten zu geben. Nicht, dass es irgendwelche besonderen Reaktionen gegeben hätte, aber in der Fußgängerzone fing Anne wie gewohnt an, ihre Performance infrage zu stellen – da fiel ihr der Grübelstuhl ein. *Besser, ich warte mit dem Gedankenmachen, bis ich zu Hause bin*, dachte sie sich, *das mache ich, bevor ich ins Bett gehe.* Beschloss es und ging dann einkaufen, ohne weiter darüber nachzudenken.

»Und als ich schließlich zu Hause war – da habe ich es einfach vergessen!« Erwartungsvoll sieht sie uns an.

»Ähmm – ich bin lost«, sagt Jana, »ist das nun gut oder schlecht?« Anne strahlt. »Das ist gut!« Ich bin überrascht.

»Das Gleiche ist mir so ähnlich noch mal passiert«, erzählt sie weiter, »ich war schon im Bett und mir ist eingefallen, wie du mir auf dem Kindergeburtstag die anderen Mütter vorgestellt hast, erinnerst du dich?« Ich erinnere mich – Anne war anzusehen, wie unwohl sie sich inmitten lauter Unbekannter fühlte. »Also ich war gerade dabei, das noch mal durchzukauen, da fiel mir der Stuhl ein … und ich war einfach zu faul, um noch mal aufzustehen und mich auf den blöden Stuhl zu setzen. Also habe ich es auf den nächsten Tag verschoben.«

»Und«, versuche ich, ihre Kunstpause abzukürzen, »hast du dann tatsächlich nicht mehr dran gedacht und es auf den nächsten Tag verschoben?«

»Ja und nein«, sagt Anne und sieht zufrieden aus. »Ich hab mich am nächsten Tag zwar dran erinnert, aber ich hatte dann einfach keine Lust dazu, mich damit auseinanderzusetzen. Die Dringlichkeit war irgendwie weg.«

»Ach komm!«, sehe ich sie ungläubig an. »Das gibt's doch nicht. Einfach so?« Anne zuckt mit den Schultern: »Einfach so.« Anscheinend war es gar nicht so wichtig, WO sie sich ihre Gedanken machte (schade um das schöne Wort Grübelstuhl) – wichtig war, sie von jetzt auf später zu verschieben. In dem Moment, in dem sie aufdringlich wurden. Wenn man in selbigem das Hirn beruhigt mit »Liebes, ich kümmere mich später drum«, dann lässt der Drang nach, so, als hätte man dem Hirn nachgegeben – und es ist überhaupt nicht gesagt, dass er wiederkommt. Man hat das Hirn praktisch ausgetrickst. Irgendwie so ähnlich wie mit der Liste, nur mit dem Unterschied, dass man sich um die tatsächlich kümmert.

»Dann nehmen wir das mal als Rezept auf, was«, fasse ich immer noch etwas überrumpelt zusammen. »Das Widerkäuen von Gesprächen, Treffen und generell sozialer Interaktion verschieben wir! Damit ist das Hirn vertröstet und lässt die Sache fallen.«

Abgesehen von Gedanken an die Kommunikation mit anderen Menschen schlägt uns das Hirn auch vor, unsere *Entscheidungen* der Vergangenheit noch mal zu überdenken. Das kann völlig aus dem Nichts kommen. Ich gucke zum Beispiel vom Beifahrersitz des Autos ziellos in die Ferne, da steht die neu gebaute Uni und aus dem Gedanken *Die neue Uni ist ganz schön weit draußen* geht es direkt zu: *Hätte ich doch das Pinockel-Studium abgeschlossen!*

Eine andere sieht vielleicht aus dem Autofenster und ihr fällt ein LKW mit griechischem Kennzeichen auf oder ein Automodell in genau derselben Farbe, wie es ihr Exfreund Hans-Jürgen hatte. Und aus diesen Eindrücken wird dann plötzlich: *Wäre ich damals doch so mutig gewesen und nach Griechenland ausgewandert!* Oder: *Hätte ich damals doch Hans-Jürgen geheiratet!*

Oder der Blick fällt auf eine schöne Villa, die sicher einen Haufen Geld gekostet hat, und schon wabert das daher: *Wenn ich doch nur damals Bitcoins gekauft hätte!*

Charakteristisch für diesen maulenden Blick in die Vergangenheit der eigenen Entscheidungen ist, dass sie immer wiederkommen. Wenn mich ein Gedanke in Richtung Pinockel-Studium lotst, dann erkenne ich den schon von Weitem: Ach! *Die Pinockel-Sache schon wieder!* Das hält mich aber nicht im Mindesten davon ab, die ganze Rallye zu fahren: Was und wie nicht alles gewesen wäre, wenn …

Wenn man genau aufpasst, merkt man an der Auswahl, die einem da von Hirni präsentiert wird: Andere Entscheidungen, die ganz klar Fehlentscheidungen waren, holt es erst gar nicht aus der Tonne:

- *Ich hätte nie im Leben mit diesem windigen Typen in den Urlaub fahren sollen! (Ein Drama)*
- *Ich hätte mir nicht so viel von meiner Ex-Chefin gefallen lassen sollen!*
- *Wäre ich mal lieber in den Urlaub geflogen, statt den Sommer über vorsichtshalber auf Aufträge zu warten!*

Ganz andere Nummer, oder? Der Urlaub, die Ex-Chefin und der windige Typ lassen uns völlig kalt – da kann man sich ärgern, kurz, eventuell zieht man eine Lehre daraus und das war's dann auch. Was uns immer wieder vor die Nase gehalten wird, sind Dinge, die wir in unserem jetzigen Leben vermissen. In echt sind mir Pinöckel nämlich völlig egal – was ich vermisse, ist das Ansehen und die Sicherheit als Professorin oder was auch immer man mit dem Titel verbindet:

- *Hätte ich doch das Pinockel-Studium abgeschlossen! ICH WÄRE HEUTE EINE ANGESEHENE PINOCKEL-PROFESSORIN!*
- *Hätte ich damals doch Hans-Jürgen geheiratet – DANACH KAMEN NUR NOCH KNALLTÜTEN UND JETZT LEBE ICH ALLEIN …*
- *Wäre ich damals doch so mutig gewesen und nach Griechenland ausgewandert! DIESER MIEF IN CASTROP-RAUXEL KOTZT MICH SO AN.*
- *Wenn ich doch nur damals Bitcoins gekauft hätte! ICH WÄRE STINKREICH JETZT UND MÜSSTE DIESEN SCHEISSJOB NICHT MEHR MACHEN!*

Es heißt also eigentlich gar nicht: *Hätte ich nur …*, sondern es heißt: *Hätte ich nur …, dann hätte/wäre/könnte ich jetzt* beziehungsweise *müsste jetzt nicht!*

Wenn man es sich mit so einem *Was wäre gewesen, wenn* manchmal gemütlich macht und sich Welten vorstellt, in denen das Leben ganz andere Wendungen genommen hätte, dann ist daran natürlich überhaupt nichts auszusetzen. Ich habe mein Leben als Pferdezüchterin, britische Kronprinzessin und weltberühmte Sängerin schon mehrfach bis ins Detail durchgespielt, das macht Spaß und tut niemandem weh. Wenn die Gedanken aber nicht nach vorne gerichtet sind und einem Malbuch gleichen, das man sich in den schönsten Farben ausmalt, sondern nach hinten blicken und hadern, immer und immer wieder – dann lohnt es sich, genauer hinzusehen, was Hirni diesmal schon wieder will.

Ein ganz großer Konstruktionsfehler von Hirni ist ja, dass es sich immer so kryptisch ausdrückt. Durch vage Gefühle, krumme Ideen, komische Gedanken und sogar körperliche Symptome. Wenn es also immer wieder mit der Pinockel-Sache ankommt – dann sollten wir eventuell mal nachsehen, was dahintersteckt. Was genau gefällt mir so gut an der Vorstellung, Pinockel-Professorin zu sein? Welches Bedürfnis befriedigt diese Vorstellung? Und eventuell komme ich darauf, dass ich mich überhaupt nicht danach sehne, mehr über Pinöckel zu erfahren. Es ist auch nicht der soziale Status, den ich insgeheim gerne hätte – was die Vorstellung so verlockend macht, ist die Idee, die Unsicherheit als Selbstständige einzutauschen gegen eine gut bezahlte Festanstellung, einen sicheren Beamtenstatus bei überschaubarem Arbeitsaufwand. Dienstreisen nicht eingerechnet. Ich wüsste vor jedem Monat, was am Ende dabei rumkommt, ich hätte nie wieder die Sorge, ob ich meinen Job verliere, und der Blick in die Zukunft im Alter würde nicht die Frage aufwerfen: Ob die Rente mal reicht? Sondern vielmehr: Ob ich mal mit dem Golfen anfange?

Es ist mein Bedürfnis nach Sicherheit, was das Pinockel-Szenarium immer wieder aufleben lässt. Wenn mir das bewusst ist, kann ich mir die Nummer aber auch mal ganz realistisch ausmalen, und das bedeutet:

1. Ich würde nach Jahren endlich als Professorin berufen – und zwar an die Uni in Castrop-Rauxel.

2. Meine Arbeitskollegen wären Fachidioten.

3. Ich müsste vor Menschen sprechen …

4. … über Pinockel!

5. Ich würde nie kündigen, auch wenn ich keinen Bock mehr habe, weil man so eine sichere Sache nicht aufgibt.

Ganz ehrlich: Bei Punkt 1 bin ich schon raus. Außerdem fällt mir auf den Schlag ein, was ich an meinem Arbeitsleben ganz großartig finde: Ich mag meinen Job! Meistens jedenfalls … Mit diesem Wissen im Hinterkopf kann ich den Gedanken *Hätte ich doch das Pinockel-Studium abgeschlossen*! ganz lässig durchwinken. Von Hans-Jürgen ganz zu schweigen: Ich meine – habt ihr Hans-Jürgen mal gesehen? Puh. Und warum genau noch mal wollte man mit dem schon vor sieben Jahren nicht zusammen sein? Er war zu langweilig? Rechthaberisch? Eifersüchtig? So viel ist klar: Besser ist das in den letzten sieben Jahren nicht geworden.

Insofern kann man sich zwar durchaus eingestehen, dass man sich nach Liebe und Verbundenheit sehnt – aber mit Hans-Jürgen hat das wahrlich nichts zu tun. Vielleicht entdeckt man bei diesem Blick nach innen ja Bedürfnisse, die einen sehen lassen, dass man ganz anders lebt, als man das eigentlich möchte! Die einen dazu anregen, etwas im Leben zu verändern. Wer immer seiner Jugend hinterhertrauert, vermisst vielleicht die Lebensweise von damals, und wer dem Auswandern nach Griechenland hinterhertrauert, braucht vielleicht etwas mehr Abenteuer im Leben. Um was geht es, ist die Frage. Wenn wir darauf die Antwort kennen, dann hilft uns das nicht für vergangene Entscheidungen – die können wir nicht rückgängig machen. Aber wir können jetzt neue Entscheidungen treffen. Und da wären wir auch schon.

# ENTSCHEIDUNGEN, DIE ANSTEHEN

Entscheidungen sind nicht per se ein Problem. Wir treffen jeden Tag Unmengen von Entscheidungen, ohne auch nur einmal mit der Wimper zu zucken:

Nein, ich möchte nicht mit Ihnen über Gott sprechen, ich nehme Vanille, den Minirock kaufe ich auf keinen Fall, heute gibt es Gemüsecurry und damit basta und die Wäsche kann bis morgen warten. Alles kein Problem.

Das geht so schnell, da muss teilweise die Frage noch nicht mal bis zum Ende gestellt werden:

Die Dame am Telefon: »Darf ich Ihnen unser Angebot hinsichtlich Ihres Mobilfunkvertrags …«

»Nein!«

Das Kind: »Mama, kann ich mit diesem selbst gebastelten Fallschirm …«

»NEIN!«

In der Bäckerei: »Heute haben wir Krapfen im Angebot …«

»Gerne!«

Selbst bei größeren Entscheidungen wissen wir oft ohne zu zögern die Antwort, sie schüttelt sich praktisch von selbst aus dem Ärmel:

Beim Makler: »Diese Wohnung ist zwar nicht sehr hell, aber der Preis ist …«

»Nein.«

Beim Gynäkologen: »Überlegen Sie sich das mit der Sterilisation noch mal in Ruhe, es könnte sein, dass …«

»Nein.«

Der Ex: »Es gab doch auch gute Zeiten, wollen wir nicht …«

»NEIN!«

Es kann so einfach sein, oder?

Und es kann so schwer sein. Fuck, kann es schwer sein! Kleine Entscheidungen können schwer sein, was dazu führt, dass drei Jahre nach dem Umzug immer noch eine Glühbirne an einem Kabel von der Decke hängt statt einer Lampe (kein Ende in Sicht). Einfach, weil man sich nicht für eine Lampe entscheiden kann und ja auch nichts passiert, wenn man diese Entscheidung vertagt. Und große Entscheidungen können schwer sein … *Nehme ich die Wohnung, obwohl sie nicht perfekt ist, aber was, wenn nie eine perfekte kommt, und die Preise steigen immer weiter, aber das Bad ist zu klein und ich hätte gerne eine Terrasse, aber wenn ich die nicht nehme, ist sie demnächst weg und dann ärgere ich mich bestimmt wahnsinnig und vielleicht ist das die letzte Chance – aber die Terrasse …*

Die Entscheidungen, die das Zeug dazu haben, uns im Kopf herumzugehen, gehören zu der letzten Kategorie, zu den großen, und von denen gibt es im Laufe so eines Lebens ja einige: In der sechsten Klasse mussten wir uns zum Beispiel entscheiden, ob wir Französisch oder Latein lernen wollten (also wollen mussten) – je nachdem, welche berufliche Karriere man sich als Zwölfjährige bis dato so zurechtgelegt hatte. Und später die Wahl des Studiums, die Uni oder der Ausbildungsbetrieb, ein Ortswechsel, der ganze Liebeskram, zusammenziehen, heiraten oder nicht, Kinder ja oder nein oder einen Dackel …

Auf wunderbare Weise ist diese Fülle an wichtigen Entscheidungen in der ersten Lebenshälfte angesiedelt – in der zweiten Lebenshälfte ist die Auswahl eines Films auf Netflix ja schon abendfüllend. Es ist wirklich erstaunlich: Wenn man zurückblickt, ist es doch schier unglaublich, was für Entscheidungen man getroffen hat, *ohne* sich groß den Kopf zu zerbrechen! Als mein damaliger Freund und ich uns im Jahr 2000 angesehen haben und sagten: »Man könnte ja eigentlich auch nach Spanien ziehen«, stand 17 Wochen später der Umzugslaster vor der Tür! Und zwar ohne dass einer von uns die Sprache konnte oder einen festen Job in Aussicht hatte. Wir waren so ein Paar, das man in einer Auswanderungssendung sieht und das so naiv draufloszieht, dass man sich heimlich schon die Hände reibt, weil es die aber so was von auf die Fresse hauen wird. Ich mache mir heute ohne Übertreibung mehr Gedanken um einen zweiwöchigen Urlaubsaufenthalt als damals um die Auswanderung.

Vermutlich um dem Ganzen das Gewicht zu nehmen, nannte ich es auch nie Auswanderung, sondern stets »Umzug«.

»Wir ziehen um!«

»Ah cool, in welches Viertel?«

»Spanien.«

»Was?«

Vielleicht ist das die Leichtigkeit der frühen Jahre. Es liegen schließlich noch so unüberschaubar viele vor einem, dass das Leben unendlich scheint und es gar kein Problem ist, ein paar wilde Kurven zu nehmen, um zu sehen, wo sie einen hintragen. Tatsächlich kamen die Bedenken hinsichtlich unseres »Umzugs« nicht aus unseren Reihen, sondern allesamt von der Generation unserer Eltern:

»Aber … was ist mit der Sprache? Der Arbeit? Der Krankenversicherung? Gibt es da Senf?«, und so weiter.

Wir ließen uns von all dem nicht beeindrucken – was war schließlich das Schlimmste, was passieren konnte? Wenn es uns nicht gefiel, wir nicht zurechtkämen oder uns der Senf fehlte, könnten wir ja immer noch zurück![7]

Diesem Motto »Einfach mal ausprobieren« geht im Laufe der Jahre irgendwann die Puste aus. Im wahrsten Sinne des Wortes: Inmitten von Kind, Job, kaputtem Drucker, dem Nachbarn von unten und der Sorge um die Mutter bin ich manchmal so müde … und das ist eine Müdigkeit, die kuriert man nicht mit ein paar Stunden Extraschlaf. Das ist eine Müdigkeit, für die müsste ich mich eine Woche ins Koma legen. Käme jetzt José mit der Idee, wir könnten doch nach Dingsbums auswandern, ich würde schon mal vorsorglich in Ohnmacht fallen, so müde macht mich nur der Gedanke daran. Und wer weiß, ob es da Aioli gibt …

Abgesehen von fehlender Energie aufgrund von Lebensbewältigung gibt es natürlich noch andere Faktoren, die kurzentschlossene Hauruck-Entscheidungen schwieriger machen als früher: das Kind zum Beispiel. Natürlich kann man mit Kindern in alle Teile der Welt ziehen, aber am Ende bleibt es immer ein Abwägen: Wie sicher bin ich mir, dass ich das kindgerecht hinbekomme? Und wenn ich mir unsicher bin, wie viel Trauma am Kind ist mir die Entscheidung wert? Im Gegensatz zu jungen Jahren lässt man auch mehr zurück, einfach weil man mehr hat. Eine Arbeit zum Beispiel und ein Zuhause. Als ich Deutschland verließ, musste ich lediglich eine Karriere als Kellnerin an den Nagel hängen, was an Überwindung überschaubar ist, und mein Zimmer in der WG war schnell weitervermietet. Inzwischen bin

7 Nur am Rande: Es hat uns gefallen, wir kamen zurecht und den Senf haben wir gegen Aioli eingetauscht.

ich stolze Besitzerin von 21 Zimmerpflanzen – da fangen die Probleme doch schon an (ganz zu schweigen von dem ganzen anderen Krempel, der sich in den letzten Jahren so angesammelt hat).

Das mit den Zimmerpflanzen war nun übertrieben (das Problem, nicht die Anzahl), aber ich hoffe, ihr wisst, was ich meine: Ich habe es mir gemütlich gemacht. Alles hängt wie in einem Mobile zusammen, und wenn ich ein Teil davon ändere, gerät das ganze Konstrukt ins Schwanken. Darauf habe ich keine Lust, denn es gefällt mir, das Mobile, mit Zimmerpflanzen und allem, was sich in meinem Leben so breitgemacht hat über die Jahre.

Darum ist ein ganz großer Rat in Sachen Entscheidungen völlig nutzlos! Zumindest für diejenigen unter uns, die schon ein paar Jährchen auf dem Buckel haben. Dieser völlig nutzlose Rat geht so:

*Denkt nicht so viel über Entscheidungen nach! Sich trennen oder nicht, kündigen, zusammenziehen, auswandern – lauft angstlos drauflos! Sich entwickeln, sich gehen lassen, ausprobieren! Es gibt keine richtigen oder falschen Entscheidungen – es gibt nur das, was in Erscheinung tritt, was danach kommt! Und selbst wenn sich das als schlecht rausstellt, auch darüber sollte man nicht so viel nachdenken. Wer weiß, was man Neues dadurch herausgefunden hat, wo es einen hinbringt. Das Leben kann nicht analysiert und verstanden werden, wir leben nicht, um zu verstehen, wir leben, um zu leben.*

»Ja, ja«, möchte man da sagen, »einen Moment, gleich lauf ich angstlos drauflos, sobald ich den Drucker repariert und das Kind von der Schule abgeholt habe.« Im Ernst, das ist ein prima Rat – aber halt, wenn man 20 ist. Dann ist er allerdings hervorragend. Erst neulich las ich im *Spiegel* die Überschrift einer Kolumne …

**Sollte man im Studium mit seinem Partner zusammenziehen?**

Erst wohnte ich während des Studiums bei meinen Eltern, dann zog ich mit meinem damaligen Freund zusammen – statt in eine WG.[8]

… in der die Kolumnistin das Für und Wider abwägt und dazu eine Psychologin befragt. Da denkt man sich schon: *Meine Güte, mach doch einfach und guck!* Ich meine, was kommt als Nächstes? Eine Traumatherapie zum Thema *Ich hab mich in der Marmeladenauswahl geirrt, was nun*?

Aber wenn dieser Hauruck-drauflos-Ratschlag nichts für uns ist – was dann? Was macht man mit diesen großen Entscheidungsbrocken, die durch den Kopf wälzen, ohne irgendwo anzukommen? Eine Zeit lang kann man die ja einfach nur beobachten – vielleicht geht es ja in irgendeine Richtung –, aber oft genug ist das ein ewiges Hin und Her, bis einem schwant: Das bleibt auch so.

Mein Mittel der Wahl war in solchen Situationen immer das gleiche: Ich gehe meinem gesamten Umfeld mit dem Thema auf den Keks, in der Hoffnung, das Darüberreden eröffnet irgendwelche neuen Erkenntnisse. Damit bin ich oft genug gut gefahren – entweder weil mein Gegenüber schlaue Dinge gesagt hat, die ich vorher nicht bedacht hatte, oder weil das laute Aussprechen und Wortefinden allein schon klärend ist. Eine kleine Unterkategorie

8 Katharina Hölter: »Sollte man im Studium mit seinem Partner zusammenziehen?«, *Spiegel Start*, Startklar-Newsletter, 18.4.2024. https://www.spiegel.de/start/startklar-newsletter-sollte-man-im-studium-mit-seinem-partner-zusammenziehen-a-9eeafe1d-a7b5-4183-856f-70437053f208

bildet das Reden mit einem Gegenüber, das so unschlaue Dinge zum Besten gibt, dass man zumindest weiß: Also *so* schon mal nicht. Viele Male bin ich mit dieser Methode gut gefahren, ich habe mich sozusagen zur Entscheidung hingequatscht. Das, und ein bisschen Zeit, um alles sacken zu lassen, war genug.

Und dann sind da die anderen Male …

Ganz aktuelles Beispiel ist der Wohnungskauf. Also der nicht stattfindende Wohnungskauf. Ich habe Wohnungen gesehen, da stimmten alle Parameter, die waren in der richtigen Lage, hatten die richtige Größe, waren nicht hässlich und im Preisrahmen und trotz all dem fand ich sie auf Anhieb Kacke. »Aber …«, fing dann die Maklerin an, aber es half alles nichts. Die Maklerin verstand natürlich nicht, was schiefgelaufen war: Alle Vorgaben, die ich gemacht hatte, waren erfüllt, also wo drückte der Schuh? Und genau das konnte ich ihr leider nicht beantworten. Ich habe auch Wohnungen gesehen, da stimmte das meiste, ich war sofort schockverliebt, allein einer der Parameter (der Preis) schlug aus dem Rahmen, und damit war diese Liebesbeziehung auch schon vorbei.

»Deine Beziehung zum Wohnungskauf hat den Status ›Es ist kompliziert‹ wirklich verdient«, seufzt dann auch eines Abends Jana, die das Thema schon nicht mehr hören kann. Zu oft musste sie sich durch die Fotos von Badezimmern und Einbauküchen klicken, um mit mir die Pros und Kontras von verfügbaren Wohnungen abzuwägen. Ich kann das nachempfinden, ich habe nämlich nächtelang mit meinem Freund Hummel darüber beratschlagt, ob er zu seinem neuen Freund nach Hamburg ziehen soll oder nicht, aber: Man kann noch so viele Pro- und Kontra-Listen erstellen und versuchen, jeden möglichen Ausgang beider Entscheidungen zu betrachten, es endet immer gleich, nämlich mit einem recht verzweifelten »Ach, ich weiß auch nicht!«, und das ist dann auch der letzte Satz, mit dem landet man in einer Sackgasse, aus der kommt man nicht mehr raus.

Hamburg oder nicht – es ist schlicht unmöglich, die Folgen dieser Entscheidung vorauszusehen. *Werde ich in einer neuen Stadt Freunde finden? Wird die Beziehung halten? Werde ich mein altes Umfeld zu sehr vermissen? Halte ich die Macken meines Partners aus? Und er meine?* Und so weiter. Das ist alles unbeantwortbar, auch wenn man noch so lange darüber nachdenkt. Es ist schlicht ein Irrglaube, dass man nur genau genug nachdenken muss, um auf eine Lösung zu kommen. Sie liegt nicht wie ein Osterei irgendwo versteckt und man muss sie nur finden.

Denken wir nur zurück an vergangene Entscheidungen – als man sich zum Beispiel für eine Ausbildung entschieden hat oder für ein Studium oder für einen Übergangsjob, weil man noch nicht wusste, was man mal machen will.

Ich war die mit dem Übergangsjob – und aus dem Kellnern in der Bar wurde eine Beteiligung an einem Kneipenkollektiv mit spanischen Weinen, daraufhin der Umzug nach Spanien, aus der Not ein Job im Souvenirgeschäft und durch zufällige Bekanntschaften ein Quereinstieg in der Werbeagentur, und als die große Finanzkrise der Werbung den Geldhahn zudrehte, fragte mitleidig ein Freund, ob ich bei seinem Buchprojekt helfen wollte, und dann kam das Bücherschreiben.

Es hätte aber auch nach dem Einstieg in das Kneipenkollektiv passieren können, dass ich schwanger geworden wäre, ein Mutter-Kind-Café aufgemacht hätte, pleitegegangen wäre und umgeschult hätte. Oder ich hätte im Lotto gewonnen, wäre groß ins Nachtleben-Geschäft eingestiegen und heute eine lokale Berühmtheit. Oder im Knast!

Hätte ich mich für das Studium entschieden, vielleicht wäre ich dafür in eine Stadt gezogen, die ich hasse – aber das Praktikum in Südafrika war toll gewesen und ich wäre dorthin gezogen, hätte dort einen hinreißenden Segler aus dem neuseeländischen Olympiateam kennengelernt und lebte heute in Wanganui!

Oder ich hätte eine Ausbildung gemacht, dann wäre der schwere Unfall gekommen und ich wäre seitdem arbeitsunfähig, würde aber nebenher Chihuahuas züchten und ein Fernstudium anfangen.

Wir haben nun mal keine Kristallkugel, mit der wir in die Zukunft sehen können, um zu wissen, was im Nachhinein das Beste ist.

MAN WEISS SCHLICHT NICHT, WO ES HINGEHT, WENN MAN SICH FÜR EINEN WEG ENTSCHEIDET. Insofern ist der Satz aus diesem völlig unnützen Rat durchaus immer noch richtig:

*Es gibt keine richtigen oder falschen Entscheidungen – es gibt nur das, was in Erscheinung tritt, was danach kommt!*

Um zu verstehen, warum es uns manchmal so irrsinnig schwerfällt, Entscheidungen zu treffen, muss man wissen, dass wir nicht nur mit unserem Hirn entscheiden. Also schon, aber nicht nur mit dem Teil vom Hirn, den wir Verstand nennen. Es ist immer auch ein anderer, kleiner Teil beteiligt, nämlich das limbische System:

Das limbische System – nennen wir es Limbi – ist viel älter und wilder als der Verstand und kommt noch aus einer Zeit, als es noch keine Sprache im heutigen Sinne gab. In der Zeit, als Limbi überlebenswichtig war, ging es mehr um Säbelzahntiger als um Wohnungskauf, und Limbi hat seitdem nicht viel dazugelernt.

Es agiert im Unterbewussten als unser emotionales Erfahrungsgedächtnis, es setzt sich aus unterbewussten Erfahrungen zusammen, die wir im Laufe unseres Lebens gesammelt haben. Und es funktioniert rein nach dem Lustprinzip. Schon mal vorgenommen, nur noch gesund zu essen? Sport zu machen? Nicht zu rauchen, weniger Social Media zu konsumieren und nach dem Aufstehen Yoga auf dem Balkon zu machen? Und habt ihr euch dann auch noch mal umgedreht, ein bisschen Instagram geguckt, mit einem Butter-Croissant in der einen Hand und einer Kippe in der anderen? Herzlichen Glückwunsch, das war Limbi.

Limbi tut ausschließlich, was ihm gefällt, und schert sich überhaupt nicht um den Verstand. Ohne dass wir es merken, speichert Limbi Erinnerungen mit den zugehörigen Emotionen ab und kontrolliert das Affektverhalten: also Handlungen aus Emotion heraus (inklusive das Sexualverhalten).

Und Limbi ist schnell. Wenn ihr auf dem Spazierweg zum Beispiel plötzlich eine Schlange seht, übernimmt sofort Limbi das Ruder, spuckt Angst aus und lässt euch zucken – ihr habt schon längst geschrien, seid in die Luft gesprungen und habt Schweiß produziert, bevor der Verstand auch nur einmal fragen kann: *Warte mal – ist die Schlange überhaupt gefährlich? Und ist das überhaupt eine Schlange?* Das ist das Gute – und auch das Schlechte an Limbi. Man kann das limbische System auch »Intuition« oder »Bauchgefühl« oder »Herz« nennen – alles meint das Gleiche: dieses Gefühl, das man spontan für oder gegen eine Sache, Situation, Person, Wohnung oder Entscheidung hat. (Das heißt aber überhaupt nicht, dass Limbi automatisch immer recht hat – es hat lediglich irgendwelche Emotionen mit irgendetwas verknüpft, das vielleicht gar keinen Sinn macht, aus einem Kindheitstrauma rührt oder sonst irgendwie verkorkst wurde …)

Eine gefühlt »gute« Entscheidung ist, wenn diese beiden Systeme, Hirni und Limbi, sich einig sind:

Typ: »Wollen wir mal zusammen ausgehen?«
Verstand: *Narzisstischer Typ, auf gar keinen Fall.*
Limbi: *Gefällt mir nicht, auf gar keinen Fall.*
Ich: »Nein.«

Wenn sie sich allerdings nicht einig sind:

Typ: »Wollen wir mal zusammen ausgehen?«
Verstand: *Narzisstischer Typ, auf gar keinen Fall.*
Limbi: *Diese Grübchen!*
Ich. »Ähmmm…«

Das ist jetzt zugegeben ein recht negatives Beispiel, das hat Limbi nicht verdient. Ein ganz hervorragendes Beispiel für Intuition habe ich für das Buch *Auf meine Schwächen ist wenigstens Verlass*[9] recherchiert, und das bringe ich hier mal zu Limbis Verteidigung an. Beschrieben wurde der Vorfall von Malcolm Gladwell in seinem Buch *Blink*[10]. Gladwell berichtet darin über das Getty Museum in Los Angeles, dem eine griechische Statue zum Kauf angeboten wurde, für schlappe zehn Millionen Dollar. Das ist ja ein Betrag, bei dem sich ein genaueres Hinsehen lohnt, und deshalb fuhr das Museum alles auf, was es so zur Verfügung hatte, um die Echtheit der Statue zu prüfen, nämlich das Elektronenmikroskop, die Massenspektografie, sowohl Röntgendiffraktions- als auch Röntgenfluoreszenzuntersuchungen. Nachdem der Jüngling über einen Zeitraum von 14 Monaten hinlänglich durchleuchtet und vermessen worden war, kamen sie zu dem Ergebnis: Das Ding ist echt. Kurz bevor das Geschäft über die Bühne ging, sah sich der Leiter des Metropolitan Museum of Art in New York das gute Stück an und

---

**9** Von mir, erschienen 2022 im mvg Verlag, München
**10** Malcolm Gladwell: *Blink. Die Macht des unbewussten Denkens*. FinanzBuch Verlag, München 2024

das erste Wort, das ihm beim Anblick der Statue durch den Kopf schoss, war: *frisch.* »Nicht gerade das erste Wort, das einem beim Anblick einer zweieinhalbtausend Jahre alten Statue einfallen sollte«, schreibt Gladwell. Ein anderer Experte, diesmal von der Archäologischen Gesellschaft in Athen, Georgios Dontas, hatte eine ähnliche Eingebung: Er verspürte »ein Frösteln am ganzen Körper« und hatte »das Gefühl, als würde ihn eine Glasscheibe von dem Werk trennen«. Nicht gerade Worte, die eine analytische Sicht beschreiben, sie konnten ihr Gefühl auch nicht genauer begründen, es war eben ein Gefühl. Am Ende stellte sich die Statue tatsächlich als Fälschung heraus – kunstvoll gefertigt von einer Fälscherwerkstatt in Rom, und zwar nicht vor zweieinhalbtausend Jahren. Die ausgetüftelten, hochmodernen Untersuchungen waren allesamt nutzlos, und richtig lagen ein paar langjährige Experten, die in Sekundenschnelle das richtige Gespür hatten. Sie hatten nicht ihren Verstand bemüht, und das war ihr Vorteil: Anscheinend hatten sie ja ein oder mehrere Details wahrgenommen, die bei einer objektiven Betrachtung nicht weiter aufgefallen waren. Das ist Intuition.

Der Verstand und die Intuition bewerten nach ganz unterschiedlichen Kriterien. Unglücklicherweise tendieren wir dazu, die Kriterien des Verstandes als wichtiger einzuschätzen. Also was ist sachlich korrekt, was ist vernünftig und objektiv gesehen richtig. Das limbische System aber fragt: Ist das angenehm? Habe ich Lust darauf? Ist es gefährlich? Gibt es irgendein Gefühl, das mit einem Detail der Situation oder der Entscheidung verknüpft ist? Und – habe ich vielleicht gerade Hunger? Die beiden sehen also aus ganz unterschiedlichen Blickwinkeln auf die Dinge und kommen nicht selten zu ganz unterschiedlichen Ergebnissen. Wenn das geschieht, sind wir uns unsicher, zweifeln, können uns nicht entscheiden und drucksen herum. Es herrscht Uneinigkeit. Das ist die eine Variante.

Die andere Variante ist noch einen Zacken komplizierter: Man hat schlicht keine Ahnung, was das eigene Gefühl sagt – man kann es nicht hören, weil man zu sehr darauf trainiert ist, nicht darauf zu achten. Man merkt lediglich, dass man nicht hundertprozentig hinter einer Sache oder einer Entscheidung steht und weiter über Alternativen nachdenkt – obwohl alle Gründe ganz klar in eine Richtung weisen. Wem also eine Entscheidung immer wieder im Kopf herumgeht, der tut gut daran, sich bewusst zu machen, was die beiden zu sagen haben. Die schwierigsten Entscheidungen sind meist die, zu denen wenige Informationen zur Verfügung stehen oder deren Konsequenzen schwer vorauszusagen sind – wo wir also mit dem Verstand nicht weiterkommen, und just in diesen Situationen haben Studien gezeigt, dass es durchaus sinnvoll ist, auf die Intuition zu vertrauen.[11]

Ganz wichtig also: Was sagt Limbi? Wer das nicht weiß, hat es schwer, und ein ganz großes Manko von Limbi ist seine kryptische Ausdrucksweise. Da kann man noch so viel still herumsitzen und versuchen, in sich hineinzuhören, am Ende bekommt man nur Hunger und ist keinen Schritt weiter.

Wie kommt man also dahinter, was das eigene Gefühl zu sagen hat? Dazu muss man wissen, wie Limbi kommuniziert – das tut es nämlich anhand von Emotionen und Körperempfindungen. Ein Kloß im Hals, die Enge in der Brust, solche Dinge. Es gibt ganze Systeme, die Limbi zur Kommunikation zur Verfügung stehen, es ist nämlich zuständig für die Steuerung von, Obacht:

- Schlaf-wach-Rhythmus
- Verdauung

Deswegen heißt es auch »Bauchgefühl«, man tut etwas »aus dem Bauch heraus« oder »es liegt einem etwas im Magen« oder lässt einen nicht schlafen.

---

11 Gerd Gigerenzer: *Bauchentscheidungen. Die Intelligenz des Unbewussten und die Macht der Intuition.* Goldmann, München 2008

Das sind mal Neuigkeiten, was? Wer sich also für Option A entschieden hat und daraufhin einen nervösen Magen bekommt oder sich nächtelang herumwälzt und immer wieder aufwacht, kann sich natürlich entscheiden, etwas gegen Magenverstimmung zu nehmen und Ratschläge für einen besseren Schlaf zu befolgen. Man kann aber auch in Erwägung ziehen, dass dies eventuell Limbi ist, das wild mit den Ärmchen rudert und zu kommunizieren versucht – halt auf seine eigene (beknackte) Weise.

Wer auch Probleme hat, Limbi zu verstehen, hat Glück: Es gibt Tricks, wie man dahinterkommt, was es eigentlich sagen will. Bitte sehr:

1. *Losen zwischen den Alternativen*
   In meinem Fall wäre das: Auf einem Los steht *Ich nehme die Wohnung!* Auf dem anderen steht *Ich nehme die Wohnung nicht.* Ich lasse das Los entscheiden und ziehe blind eins der beiden: Wenn ich lese, welche Entscheidung ich gezogen habe – fühlt sich das gut an? Erleichtert? Oder wünschte ich mir, ich hätte das andere Los gezogen?

2. *So tun, als ob*
   Diese Option geht beim Wohnungskauf wegen kleinkarierten Maklern leider nicht – und in Partnerfragen

wäre es eher unethisch –, aber bei anderen Entscheidungen sehr wohl: Vielleicht gibt es ja die Möglichkeit, in dem verlockenden Job, den man angeboten bekommt, ein Praktikum zu machen …

3. *Imaginieren*
Die Augen schließen und sich bin ins Detail ausmalen, wie das Leben mit der einen oder mit der anderen Entscheidung aussieht – die Wohnung im dritten Stock ohne Aufzug, das kleine Bad, der Weg von dort in die Arbeit, die gefühlte Sicherheit, »etwas Eigenes« zu haben …

Eine noch etwas ausgeklügeltere Methode ist die »Affektbilanz«, entwickelt von der gescheiten Diplom-Psychologin und Psychoanalytikerin Maja Storch.[12] Ihre Methode hilft, den Unterschied zwischen Verstand und Bauch deutlich zu machen – denn erst wenn man den klar hat, kann man an dem einen oder anderen schrauben, damit sie sich einig sind. Ich probiere das sofort mit Hummel. Hummels Alternativen sind:

*Nach Hamburg zum Partner ziehen – oder nicht.*

»Also, du nimmst ein Blatt Papier und malst darauf zwei senkrechte Striche«, diktiere ich, »jeweils für eine Option. Über den einen Strich malst du ein Plus und über den anderen Strich ein Minus. Das Plus steht für die positiven Gefühle eine Option betreffend, das Minus für die negativen. Und oben an der Spitze schreibst du »100« und unten »0« und Hummel schreibt brav:

---

12 https://www.majastorch.de/
Für weitere kluge Einsichten in Entscheidungsprozesse ganz hervorragend ihr Buch *Das Geheimnis kluger Entscheidungen: Von Bauchgefühl und Körpersignalen.* Piper Taschenbuch, München 2011

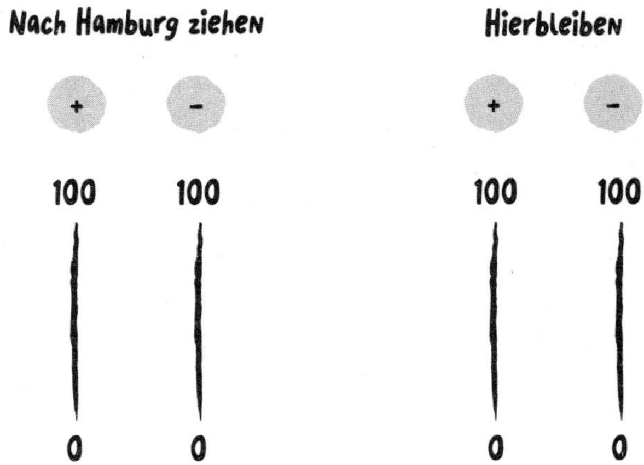


»Und jetzt mach bei der Option *Nach Hamburg ziehen* spontan ein Kreuz auf der Plus- und einen bei der Minus-Skala, je nachdem, wie positiv oder negativ sich die Vorstellung anfühlt, ohne nachzudenken.« Hummel sieht mich mit großen Augen an, zögert aber kaum und macht seine Kreuze. »Und jetzt das Gleiche bei der Option *Hierbleiben*«, lächle ich ihn aufmunternd an, und auch hier wandert Hummel zwar mit seinem Stift kurz auf der Linie auf und ab, macht aber relativ schnell seine Kreuze.

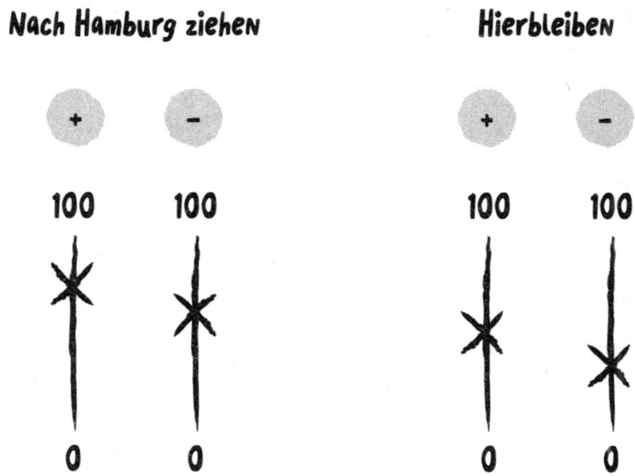

Diese Bauchbilanz sehen wir uns mit dem Verstand an – und der darf sich damit beschäftigen, was für die positiven und negativen Gefühle verantwortlich ist. Die Ergebnisse von Hummel sind relativ eng beieinander, aber er kann sofort benennen, was für seine positiven Gefühle bei *Nach Hamburg ziehen* verantwortlich ist:

- der neue Partner,
- Lust auf Neues!

Negativ bewertet er dabei:

- die Unsicherheit, ob ihm die Stadt gefällt – und das Zusammenleben mit dem neuen Partner,
- dass er seinen Freundeskreis (räusper) nicht verlieren möchte.

Bei der Option *Hierbleiben* macht das positive Gefühl aus:

- dass er eigentlich gerne in seinem alten Leben bleiben würde.

Seine negativen Gefühle für das Hierbleiben hat er von:

- der Angst, der neue Partner sei seine »letzte Chance«, und wenn er nicht zu ihm zieht, geht die flöten.

Eine Entscheidung fühlt sich erst gut an, wenn Hirn und Herz einer Meinung sind, also gilt es, an einem von beiden herumzuschrauben, damit das passiert. An den Fakten von Hirni ist in diesem Fall nichts zu schrauben – aber an den negativen Gefühlen vielleicht schon.

Hummel könnte seine Bedenken, dass ihm das neue Leben nicht gefällt, durch eine Art Probezeit überprüfen. Er würde also nicht zu Besuch hinfahren wie sonst, sondern zwei oder drei Monate fest dort wohnen und versuchen, in dieses neue Leben hineinzuschnuppern. Den Alltag ausprobieren. Damit könnte er das Kreuz auf seiner Negativ-Skala verschieben. Das ist der Plan.

Falls sich jemand fragt: Ich habe das mit meiner Wohnungssuche auch gemacht. Herausgekommen ist, dass ich meine jetzige Wohnung sehr gern habe und die nicht aufgeben möchte – und eine, die toller ist als meine, kann ich mir schlicht nicht leisten. Und damit kam ich auf eine Alternative, die ich gerne zur Verfügung stelle, falls sie irgendjemandem hilft – mich zumindest lässt sie ruhig schlafen. Ich kam drauf, als ich den Satz las:

*Auch die Wahl, eine Entscheidung aufzuschieben,*
*ist eine Entscheidung.*

Und folglich beschäftige ich mich bis nächstes Jahr um die Zeit nicht mehr damit. Wer weiß, welche Regler sich auf meiner Plus-Minus-Skala bis dahin verändert haben. Was uns bei Entscheidungsfindungen oftmals in die Quere kommt und die ganze Entscheidungsfinderei noch mal schwieriger macht, sind diese beiden: Katastrophenszenarien und Zukunftssorgen.

# KATASTROPHENSZENARIEN UND ZUKUNFTSSORGEN

Willkommen zu Katastrophenszenarien und Zukunftssorgen! Meine bewährten Fahrten in die Hölle habe ich ja schon vorgestellt. Das Gute an ihnen ist, dass sie so übertrieben sind, dass ich mir schon selbst den Vogel zeige, sobald sie auftauchen. Sie kommen aber auch etwas subtiler verkleidet daher, und dann erkenne ich sie kaum. Viel leichter sind sie bei anderen zu erkennen – bei Gesprächen mit meiner Mutter schlägt der Alarm »Katastrophenszenarien« zum Beispiel zuverlässig an, und zwar permanent.

Ich: »Wann kommst du uns denn wieder besuchen?«

Mama: »Ach, ich weiß nicht, ob ich mich traue, ich habe derzeit so Schwindelgefühle und gehe ganz unsicher.«

Ich: »Dann hab doch hier Schwindelgefühle und geh unsicher!«

Mama: »Aber dann falle ich vielleicht um beim Spazierengehen und muss dann ins Krankenhaus und dann verstehe ich niemanden, weil die nur spanisch sprechen und du hast keine Zeit, dich zu kümmern.«

PIEP PIEP PIEP .........

Ich: »Wir könnten ja dich besuchen kommen!«

Mama: »Ach, mit mir ist nix anzufangen, da langweilt ihr euch nur und dann seid ihr genervt ...«

PIEP PIEP PIEP .........

Wer so ähnlich gestrickt ist wie ich, es sei gesagt: Ja, mir ist auch kurz durch den Kopf geschossen, dass meine Mutter uns vielleicht einfach nicht leiden kann und alles unternimmt, damit sie nur ihre Ruhe hat vor uns. Es wurde mir aber lebhaft, mehrmals sowie glaubwürdig versichert, dass dies nicht der Fall ist. Die meint das wirklich so! So geht das mit allen Vorschlägen, die ich mache! Meine Mum erzählt von einem Problem, ich schlage Möglichkeiten vor und sie antwortet dann auf jeden einzelnen Vorschlag, warum das vermutlich nicht geht oder wahrscheinlich nicht klappt. Das ist so eine Art Folklorenummer. Blöderweise macht das nicht nur meine Mama: Ich mache das auch. Wenn mir jemand etwas vorschlägt, fällt mir reflexartig sofort alles ein, was dagegenspricht oder schiefgehen könnte.

Was uns fehlt, ist eine Portion Zuversicht, die muss bei der Vergabe irgendwie verloren gegangen sein – oder es ist irgendein Kindheitsding, an dem die jeweiligen Eltern schuld sind, wie immer. Voller Neid blicke ich auf Leute, die mit einem beherzten »Es wird schon gut gehen« drauflosgehen – und verkneife mir, all die Gründe aufzuzählen, warum es eventuell nicht gut gehen wird.

Auch völlig aus dem Nichts kann ich mir die Zukunft in den dunkelsten Farben ausmalen – was wohl passiert, wenn:

- ich alt werde,
- die Eltern alt werden,
- das Kind auf die schiefe Bahn gerät,
- keine Aufträge mehr reinkommen.

Das geht ganz von selbst und manchmal merke ich es erst, wenn ich mittendrin bin. Beim Busfahren aus dem Fenster schauend, stutze ich plötzlich: *Oh Mann, schon wieder im dunklen Tal der Sorgen!* Ganz objektiv gesehen machen diese Gedanken keinen Sinn: Sie ändern nichts. Ich bin auch nicht besser vorbereitet, denn ich kann nicht vorhersehen, wie die Situation sein wird, wenn eine meiner Befürchtungen eintritt. Niemand hat Kontrolle über das, was kommt – aber irgendwie habe ich das Gefühl, wenn ich mir nur ausreichend genug darüber den Kopf zerbreche, dann könnte ich doch ein bisschen Kontrolle darüber haben. Das ist eine Illusion.

Ich möchte euch das gerne am Beispiel der Sorge »Die Eltern werden alt« zeigen – mein Vater ist nämlich gestorben, just während ich anfing, dieses Buch zu schreiben.

Seit ich meine Heimatstadt verlassen habe, kam mir das immer wieder in den Sinn: Was ist, wenn meine Eltern alt werden? Die beiden leben getrennt und blöderweise leben auch beide allein, damit fällt eine potenzielle Hilfe, nämlich ein Lebensgefährte oder eine Lebensgefährtin, schon mal weg. An diesem Zustand ließ sich auch nicht rütteln: »Im Leben kommt mir kein Mann mehr ins Haus!«, ist bis heute der Standpunkt meiner Mutter, und mein Vater fühlte sich ausschließlich von Frauen angezogen, die ungefähr 30 Jahre jünger waren als er – das beruhte aber leider nicht auf Gegenseitigkeit bei den betreffenden Damen. Eine Patt-Situation. Seit ich auch noch das Land verließ, liegen stolze 1762 Kilometer zwischen uns. Das war lange kein Problem, außer in meinem Kopf. *Was ist, wenn …*, kam es mir immer mal wieder in den Sinn,

- *… sie sich nicht mehr allein versorgen können?*
- *… sie pflegebedürftig werden?*
- *… ich nicht einfach schnell vorbeikommen kann?*

Sollte ich dann besser wieder zurückziehen? Mit meinem Kind? Der bläst mir den Schuh auf … Oder jemanden engagieren? Und ein betreutes Wohnen? Warum kostet das monatlich so viel wie ein Luxusurlaub – oder kann ich sie hierherholen? Wo sie die Sprache nicht sprechen …

So ging das manche Nächte über Jahre. Meine Eltern waren bei der Klärung dieser Fragen keine große Hilfe: »Ich bleibe in meiner Wohnung, bis sie mich mit den Füßen zuerst raustragen!«, war das Statement, unisono von beiden. Was aber vor dem Mit-den-Füßen-zuerst-rausgetragen-werden-Moment passieren sollte, blieb im Dunkeln. Sie ließen lediglich verlauten, was sie alles nicht wollten. Nicht in ein Altersheim, nicht in ein Pflegeheim, eine private Pflege sei zu teuer, ein betreutes Wohnen vielleicht, aber umziehen wollten sie nicht, nicht nach Spanien, und ich sollte auch nicht mein Leben aufgeben, um sie zu betreuen (puh). Meine Mutter legte noch eins drauf, indem sie auch gleich Bescheid gab, was sie nach dem Mit-den Füßen-zuerst-rausgetragen-werden-Moment alles nicht wollte: »Ich will mal nicht vergraben werden, die Vorstellung … also das ist eklig.«

»Dann willst du also mal verbrannt werden?«, fragte ich nach, aber das gefiel ihr auch nicht: »Bloß nicht – stell dir mal vor, in Flammen aufgehen!«

Und es lag nur an meiner Ratlosigkeit, dass ich leicht genervt fragte: »Ja Mama, was denn dann – soll ich dich ausstopfen, oder was?«

Mit den Eltern über diese Dinge sprechen ist immer komisch – zum einen habe ich den Eindruck, dass die Eltern, so wie alle mit zunehmendem Alter, ein erhöhtes Bedürfnis haben, über das Ende zu sprechen, was ja durchaus nachvollziehbar ist. Zum anderen ist es für uns Kinder ein harter Brocken. Als mein Vater schließlich hinfälliger und der Alltag immer schwieriger wurde, kamen diese ganzen Service-Dienste zum Einsatz, die ihm das Alleinleben weiterhin möglich machten: Essen auf Rädern, ein Pfleger von den Johannitern, der einmal die Woche nach dem Rechten sah, ein Notfallknopf am Handgelenk, falls er stürzte … und es kamen auch die Sorgen vermehrt zu Besuch. *Was mache ich nur, wenn …*, drehte viele Runden in meinem Kopf, und nie verschwand der Gedanke ganz. Manchmal kam er aus heiterem Himmel, während ich mit dem Kopf eigentlich ganz woanders war. Er schaute nur kurz vorbei, á la »Hier, das habe ich noch für dich, Tschüs!«, und ließ mich mit einem Wirrwarr aus *Wenn* und *Was-dann* zurück. Egal in welche Richtung ich dachte – alle waren Sackgassen, denn viel zu sehr hing jede neue Entscheidung vom Zustand meines Vaters ab – und der war unvorhersehbar. Es machte mich fast verrückt, nicht zu wissen, was als Nächstes geschah. Über zwei Jahre lang kam mein Vater immer wieder ins Krankenhaus – der Notfallknopf wurde immer häufiger notwendig, und während dieser Zeit wurde die Frage immer dringlicher: Was soll passieren? Nur um diese Frage endlich zu lösen, die mir das Leben schwer machte, brachte ich immer wieder die Möglichkeiten der Betreuung ins Gespräch, ich wäre so sehr erleichtert gewesen, wenn mein Vater endlich gesagt hätte: »Alles klar, das geht so nicht weiter, pack meine Sachen, Kind, ich ziehe in die Rundum-Versorgung.« Er sagte aber stattdessen immer: »Ich schaff das noch mal.« Und das sagte er viele Male. Ich beriet mich derweilen mit meinen Geschwistern (ich habe zwei, grandiose Leute), was nur zu tun sei, und wir verzweifelten an den beiden völlig unvereinbar und unverrückbaren Tatsachen:

- Er konnte nicht mehr lange so weitermachen und müsste in eine Betreuung.
- Er wollte auf gar keinen Fall in eine Betreuung.

Und wir hatten alle ein wahnsinnig schlechtes Gewissen, dass wir nicht unser Leben liegen ließen und ihm zu Hilfe kamen. Zu dieser Zeit, ein bisschen vorher schon, kam eine Komponente ins Spiel, mit der niemand gerechnet hatte. Sie kam in Form einer Frau mit dem Namen Angela. Und auch wenn ich nicht den geringsten Hauch Spiritualität in mir trage: Ich bin überzeugt davon, dass sie nicht umsonst den Namen *Angela*, aus dem Altgriechischen »Engel« oder »die vom Himmel Geschickte«, trug.

Angela war bei einer ambulanten Pflegeeinrichtung beschäftigt, die meinem Vater einmal die Woche die Medikamente vorbeibrachte, und obwohl der Vater zu Anfang mit seinem Widerwillen gegen die Einrichtung im Allgemeinen und Angela im Besonderen nicht hinterm Berg hielt, freundeten die beiden sich im Laufe der Zeit an. Angela beantragte für ihn einen dieser Senioren-Scooter, mit dem der Vater einen Sommer lang sich und seine Mitmenschen in Gefahr brachte und den höchsten Spaß daran hatte. Sie reichte Anträge auf Pflegezuschüsse für ihn ein, machte die eine oder andere Besorgung und er stellte ihr immer ein Glas Sekt auf den Tisch, wenn ihr Besuch anstand. Auch als Angela den Arbeitgeber wechselte und nicht mehr für ihn zuständig war, kam sie regelmäßig vorbei, um nach ihrem alten Freund zu sehen. Angela war es auch, die seine Tasche packte, als der Vater wieder ins Krankenhaus musste, die uns Kinder anrief und uns darauf vorbereitete, dass es diesmal ernster sei. An seinem Bett, an dem wir hilflos standen und seine Hand hielten, ließ sie uns allein mit ihm sein, und am Tag darauf, als es dem Vater erstaunlicherweise besser ging und ich ihr erfreut davon berichtete, sagte sie leise: »Das Sterben kommt in Wellen, Alexandra.«

Und so war es auch. Dem Vater ging es besser, es ging ihm schlechter, und jeder Versuch zu planen, war zum Scheitern verurteilt: Wir konnten uns nur dem Rhythmus ergeben, den er vorgab. Und so kam es, dass ich gerade wieder zurück war bei meinem Kind, als es zu Ende ging. »Alexandra«, sagte Angela am Telefon, »es ist so weit, bis morgen wird er es nicht schaffen.« Und sie hielt an seinem Bett das Handy für ihn, damit wir uns noch einmal sehen konnten, und der Vater lächelte. Sie blieb bei ihm bis zum Schluss und öffnete das Fenster, damit seine Seele sich auf den Weg machen konnte. »Ich liebe Sie, Angela«, waren einige seiner letzten Worte. Und allein das, dass er mit dieser Liebe im Herzen starb und nicht mit Angst oder Einsamkeit, hat mich gerettet vor der Ohnmacht, nicht rechtzeitig dort sein zu können.

Und so, wie sie aus dem Nichts erschienen war und uns alle gerettet hat, so plötzlich ist sie nach dem Tod des Vaters wieder verschwunden. Als wäre ihr Auftrag vorbei gewesen. Bis heute habe ich Hemmungen, sie zu kontaktieren – wozu auch: Auch wenn ich ihr für immer dankbar bin, es ging schließlich nie um uns. Es ging ihr immer um den Vater.

Also? Wie hätte ich je diesen Verlauf vorhersehen sollen? Zu was waren die ganzen Sorgen die Jahre über gut gewesen? Sie haben gar nichts genützt, denn wie es einmal sein wird, weiß man immer erst, wenn es so weit ist.

**Man rechnet immer mit dem Schlimmsten.<br>Aber man rechnet nie mit den Engeln,<br>die der Himmel schickt.**

Tatsächlich ist dieses »Immer mit dem Schlimmsten rechnen« eines der Merkmale, die uns sofort aufhorchen lassen sollten, wenn wir sie bemerken – denn sie sind lediglich Gehirnfürzchen, auch kognitive Verzerrungen genannt, die Hirni manchmal entweichen.

Sie kommen in verschiedenen Formen daher:

1. *Katastrophismus*
   Es kommt immer so schlimm, wie es geht, alles endet im Drama, und wenn mehrere Optionen möglich sind, wird es immer die schlechteste. Schon mal voll reingesteigert in dieses Bild, dass der Liebste auf dem Heimweg tödlich verunglückt ist, weil er nicht zur gewohnten Zeit heimkam und telefonisch nicht erreichbar war? Und dann war er doch nur auf ein paar Bier mit Dirk und hat nur nicht Bescheid gesagt? Das ist auch Katastrophismus.

2. *Alles auf sich beziehen*
   Was auch immer passiert, ist meine Schuld oder meine Verantwortung: das genervte Gebrummel der Obstverkäuferin, die schlechte Laune der Chefin und dass die Mutter von Klein Levi nur kurz genickt hat und sofort davongehuscht ist. Das hat alles mit meiner miserablen Person zu tun.

3. *Alles oder nichts*
   Etwas ist super – oder völliger Mist. Entweder ich bin perfekt – und wenn ich das nicht hinkriege, eine totale Null.

4. *Verallgemeinerung*
Wir schließen vom Kleinen aufs Ganze: ein beschissener Tag, und schon heißt es: »Mein Leben ist einfach scheiße!«

5. *Minimalisation*
Man spielt die eigenen Erfolge herunter: »Das ist nichts Besonderes, das kann doch jede, da habe ich einfach Glück gehabt … außerdem habe ich ganz viele andere Dinge NICHT geschafft.« Das lappt unter Umständen in das Impostor-Syndrom, das einen glauben lässt, irgendwann könnten die anderen merken, dass man nur hochstapelt.

6. *Ich fühle/weiß es einfach!*
Man geht fälschlicherweise davon aus, dass das, was man fühlt, halt auch stimmt. Das ist Blödsinn! Da spricht oft genug nicht das Bauchgefühl, sondern es ist lediglich ein Hirnfurz! Das ist ganz leicht nachzufühlen: Wenn sich jemand zum Beispiel auf eine Textnachricht nicht gleich meldet, kann einem das Gefühl sagen: *Du bist es nicht wert, dass man dir antwortet, die anderen kümmern sich nicht um dich, du bist unwichtig, niemand hat Interesse an dir, alles ist wichtiger als du.* Dieses Gefühl kann man ernst nehmen und damit in die Untiefen der Traurigkeit versinken. Man kann sich aber auch an die Situationen erinnern, in denen man selbst auf eine WhatsApp oder eine Mail erst nach einiger Zeit geantwortet hat: einfach, weil man noch nicht klarhatte, was man antwortet, weil erst etwas zu erfahren oder abzusprechen war oder weil man schlicht beschäftigt war.

Das alles sind Werkzeuge für Katastrophenszenarien und Zukunftssorgen. Das Gute ist: Sobald man sie kennt, merkt man, wenn man sie zur Hand nimmt, und diese Erkenntnis hilft enorm, sie bleiben zu lassen. Es gibt die Empfehlung, bei sich anbahnenden Katastrophenszenarien laut »Stopp« zu sagen. Ich habe das »Stopp« durch ein lautes »Sitz« ersetzt, einfach weil mir das Bild so gut gefällt, das mir dann vor meinem inneren Auge erscheint:

(Zu Beginn war der Hund davon noch recht verwirrt, setzt sich aber inzwischen nicht mehr automatisch hin, wenn er mich »Sitz!« rufen hört, ohne dass ich in seine Richtung sehe.)

Leichter als bei einem selbst fällt es bei anderen Leuten auf, wenn sie maßlos übertreiben und falsche Schlüsse ziehen – bei einem ganz normalen Gespräch mit einer Freundin:

»Heute war so ein schrecklicher Tag, ich hatte die Unterlagen für das Meeting zu Hause vergessen, das war so peinlich, die anderen denken seitdem, ich habe sie nicht mehr alle. Ich bin eine totale Null, nicht mal an Unterlagen kann ich denken – irgendwann feuern die mich, ich fühl mich so mies, es ist doch alles Kacke, echt.«

Das ist zwar gefühlt völlig nachvollziehbar, aber wenn wir mal auflisten, haben wir hier:

- »Die anderen denken seitdem, ich habe sie nicht mehr alle.«
  *Alles auf sich beziehen.*

- »Ich bin eine totale Null.«
  *Alles oder nichts.*

- »Irgendwann feuern die mich.«
  *Katastrophismus.*

- »Es ist doch alles Kacke, echt.«
  *Verallgemeinerung.*

Wenn der Verstand das Ganze noch mal durchgeht, stellt sich heraus, dass das Gefühl der Schmach zwar groß war, aber überhaupt nicht im Verhältnis – das ist ganz leicht zu überprüfen, indem man sich mal ganz kurz vorstellt, das Gleiche wäre jemand anderem passiert.

»Würdest du dann sagen, diese Person sei ein Volldepp, eine totale Null, findest du, man sollte sie feuern, und fändest du es angemessen, dass sie sich den ganzen Tag schlecht fühlt? Und vermutlich noch unzählige Male, wenn sie an die Situation denkt?«

»Nee, völlig übertrieben.«

»Jo.«

Eine auch hausgemachte und völlig großartige Methode, endlich nicht mehr alles auf sich zu beziehen, ist die kleine Frage: Könnte es auch eine andere Erklärung geben?

Diese Frage ist nicht nur deswegen so nützlich, weil man den Blickwinkel etwas geraderuckelt, sie ist auch äußerst unterhaltsam! Seit einem recht eindrücklichen Aha-Erlebnis, bei dem sich herausstellte, dass mitnichten meine Projektpräsentation der Grund für die miese Laune des Kunden war, sondern sein eingewachsener Zehennagel, denke ich mir die wildesten Gründe aus, warum jemand ein Gesicht zieht, mich keines Blickes würdigt oder kurz angebunden ist. Das beschert mir nicht nur lustige Bilder, sondern mein Hirn ist auch sofort abgelenkt. Der unfreundliche Kellner hat herausgefunden, dass seine Frau eine Affäre mit dem Koch hat. Die Obstverkäuferin ist heute Morgen mit ihrem Auto in eine Polizeikontrolle geraten und positiv auf Halluzinogene getestet worden. Und die Mutter von

Klein Levi? Hat einen ungeöffneten Brief vom Finanzamt zu Hause liegen.

Viel schwieriger zu bekämpfen sind Zukunftssorgen. Die haben schließlich einen Grund, der einem zunächst zumindest völlig legitim erscheint. *Reicht meine Rente vielleicht nicht? Wird mir irgendwann die Wohnung gekündigt, schmeißt mich KI aus dem Job und verliebt sich der Mann meines Lebens vielleicht in eine andere?* Das sind doch alles berechtigte Sorgen – irgendwie … Sie fühlen sich zumindest so an. Aber wie schon in dem Beispiel von meinem Vater kreiseln diese Sorgen immer nur nach unten – wir stellen uns nie vor, dass sich alles zum Guten wendet, und beziehen nie neue Wendungen mit ein. Grafisch sieht das ungefähr so aus:

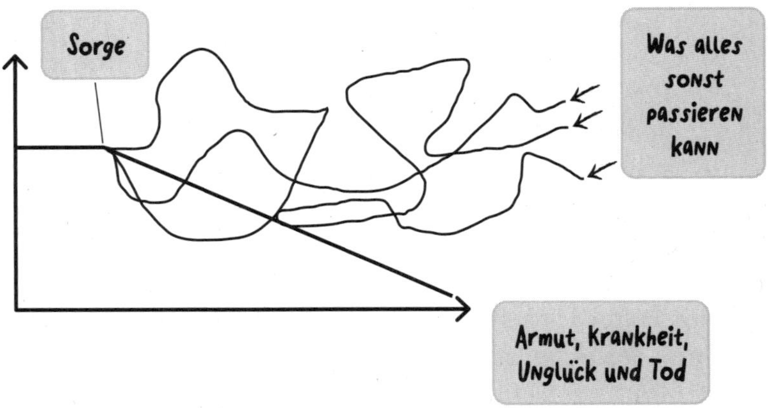


Es geht gedanklich immer nur abwärts – nie aufwärts!

Dass der Weg auch bei schlechten Vorzeichen nicht nach unten führen muss, sondern jederzeit alle Richtungen offenstehen – am besten kann man sich das vor Augen führen, wenn man an Stationen im Leben denkt, die trotz mauer Aussichten eine positive Wendung hingelegt haben.

Nennen wir es Zuversicht durch Rückblick.

Diese Spitzenmethode habe ich ganz allein gebaut, und wer möchte, kann sie gerne mitbenutzen. In meinem Fall funktioniert sie besonders gut bei Sorgen das Kind betreffend. Das Kind ist inzwischen elf Jahre alt und ich hatte großes Glück: Es ist gesund, fröhlich, empathisch und aufgeschlossen, ich kann mich also wirklich nicht beschweren. Was die Schule angeht – well, da ist Raum für Verbesserung oder, wie L. sagt: »Ein Glück, hochbegabt ist er schon mal nicht.«

Irgendwie dachte ich, bevor das Kind auf die Welt kam, die große Zeit der Sorgen sei die Schwangerschaft: Diese Aufregung vor den Vorsorgeuntersuchungen, ob auch alles in Ordnung ist. War ein Wert minimal unter oder über einem Normwert, googelte ich das Internet leer … Schließlich kann man dieses Baby ja nicht mal sehen … außer im Ultraschall, und wer schon mal so ein Bild gesehen hat, weiß, dass dies lediglich ein neuer Quell für neue Sorgen ist *(es sieht aus, als hätte es eine Delle im Kopf – hat es eine Delle im Kopf?).* Auch wie man am Ende diesen Menschen überhaupt aus sich herauspressen sollte, war mir ein Rätsel – ich dachte wirklich, DAS sei der schwierige Teil. Haha.

Seit das Kind da ist, haben sich die Sorgen geändert – keine Dellen, hurra, aber … *Wird er mal ein gutes Leben haben? Hat er Freunde? Bleibt er gesund? Ist er zu gutgläubig? (Ja) Und bleibt das so? Was, wenn er mal anfällig für Drogen wird? Oder sein Leben auf eine Art verhunzt, auf die ich noch nicht gekommen bin?* Weil das Kind erst elf ist, sind diese Sorgen noch relativ weit weg, wie Gewitterwolken, die man in der Ferne sieht, aber so, wie das bis jetzt läuft mit dem Älterwerden des Kindes, sind wir einen Wimpernschlag davon entfernt, dass ich in seinem Rucksack Ecstasy finde und im Badezimmer morgens fremde Leute antreffe …

Just auf diese Sorge, wie das mal alles wird, reagieren meine lieben Damen Jana und Anne mit großen Augen und darauf folgendem Gelächter. Nicht, weil die beiden keine Kinder haben und das nicht nachvollziehen können, sondern weil sie mich kennen, und das schon eine ganze Weile lang. »Im Ernst«, sagt Jana immer noch belustigt und legt ihre Hand auf meinen Arm, »denk doch nur mal dran, wie du selbst als Teenie unterwegs warst – und aus dir ist doch auch noch eine ganz annehmbare Person geworden!«

»Ja«, lacht Anne, »so schlimm kann es nicht werden, das ist rein technisch gar nicht möglich«, und dann giggeln sie wieder vor sich hin. Tatsächlich haben die beiden, räusper, wahrscheinlich recht. Ich habe der Reihe nach alles abgehakt, was man sich als Elternalbtraum so vorstellen kann: Ich habe die falschen Freunde kennengelernt, bin mit 14 von zu Hause abgehauen, habe mir den halben Schädel rasiert, Drogen genommen und mich mit Feuereifer in möglichst unheilschwangere Situationen gestürzt. Je wilder, desto besser. Und auch als ich wieder eingefangen war, ging ich zwar brav abends ins Bett, aber sobald alles still war, zog ich die Pumps an und stiefelte in die Nacht. Hauptsache, zu Hause sein, bevor Mama aufwacht, war das Motto – meiner Mutter sollte nachträglich noch ein Orden verliehen werden dafür, dass sie mir nicht einfach den halb rasierten Kopf abgerissen hat. Kurz: Die Anzeichen standen gut, dass ich es so richtig vermasseln würde. Und es halfen keine Strafen, kein Zureden und keine Drohungen, und gerade als meine Mutter dachte, ich überlebe die Pubertät vielleicht doch, machte ich mit 18 den Motorradführerschein und fuhr damit erst mal zwei Monate durch Griechenland. Sie muss durchgedreht sein zu Hause. »Wieso bist du nicht durchgedreht?«, habe ich sie irgendwann gefragt, als wir nicht mehr nur Mutter und Tochter waren, sondern zwei Erwachsene. »Bin ich, Kind, bin ich«, sagte meine Mutter und strich mir eine Haarsträhne aus dem Gesicht. Tut mir echt leid, Mama.

Jedenfalls, Überraschung: Aus mir ist dann doch noch was geworden! Eigentlich ist aus allen von früher noch irgendwas geworden – sogar aus Herbert, dem durchgeknallten Drogendealer, der ist jetzt Herbert, der durchgeknallte Möbelrestaurator. Um mich daran zu erinnern, dass mit dem Kind alles schon irgendwie gut gehen wird, wenn auch eventuell auf ungeraden Wegen, habe ich mir ein Foto von mir mit dem halb rasierten Kopf ausgedruckt. Das hängt jetzt zwischen Postkarten und Kinderzeichnungen bei uns am Kühlschrank.

Und wenn ich einmal an meinem Teenagerkind verzweifeln werde, nicht weil es unausstehlich ist, sondern weil ich mir Sorgen mache, um Schulnoten, um falsche Freunde, um Marihuana im Federmäppchen oder abgebrochene Schulkarrieren, dann zoome ich mich mit diesem Foto wieder ein Stück zurück. Es ist noch immer gut gegangen, sagt es, und klopft mir beruhigend auf die Schulter.

Selbst dass ich hier sitze und dieses Buch schreibe, ist in die Kategorie *Was sonst alles passieren kann* einzuordnen.

Als ich noch fest in der Agentur arbeitete, überraschte mich (und den Rest der Welt) die globale Finanzkrise, was zur Folge hatte, dass die Firmen keinen Cent ausgaben, der nicht unbedingt notwendig war. Für Werbung, zum Beispiel. Es war, als hätte jemand von einem Tag auf den anderen den Hahn zugedreht, aus dem die Aufträge tropften. Schluss, aus, vorbei. Die komplette Belegschaft wurde freigestellt oder gekündigt und das Entsetzen war grenzenlos. Nicht mal in meinen kühnsten Zukunftssorgen-Träumen hatte ich mir diese Situation ausgemalt. Bei einem letzten Treffen in den beunruhigend stillen Räumen der Agentur klagten wir uns alle unsere Sorgen, finanziellen Verpflichtungen und bestätigten uns gegenseitig, wie schlimm diese Krise war. Der Einzige, der ruhig lächelte und völlig ausgeglichen wirkte, war unser Praktikant, Kamal. Kamal war in jungen Jahren aus dem Sudan nach Deutschland gekommen und es war sein erstes Jahr bei uns.

Seine Ruhe war so irritierend, dass ihn irgendwann meine Kollegin Drösel direkt ansprach: »Und du, Kamal? Was wird mit dir? Wir kriegen dich ja auch nirgends anders unter«, aber Kamal lächelte unverdrossen weiter. Weil wir ihn alle anschauten und niemand etwas sagte, erklärte er schließlich: »Leute, ich bin aus Afrika – das ist doch keine Krise! Ich meine – wo ist UNICEF? Wo ist Bono? Solange keine Flieger Hilfswürstchen und Notbier über München abwerfen, nenne ich es nicht Krise. Das geht wieder vorbei.« Und dann war es erst recht still.

*Scheiß drauf*, dachte ich mir, *wenn es so ist, gehe ich halt wieder kellnern*. Und noch in derselben Woche kam mein Freund Ole zu Besuch, schlief auf der Matratze auf dem Boden im Wohnzimmer, wir tranken Bier und er fragte: »Hast du vielleicht Lust auf ein Buchprojekt? Ich hab da eine Idee …« Und damit begann eine neue, wunderbare Zeit.

## Man rechnet nie mit den guten Dingen!

Ich weiß also allein durch meine eigene Geschichte und auch durch die von anderen, dass es unrealistisch und vor allem unnütz ist, sich diffuse Sorgen um die Zukunft zu machen. Also, der Verstand weiß das. Dass ich trotzdem das Gefühl habe, ich müsste das tun, kommt vermutlich von einem ganz anderen Ort.

Irgendwie hat sich die Überzeugung breitgemacht, man könne alles schaffen. Wenn man nur will. Wenn man nur daran glaubt. Wenn man sich nur genügend anstrengt. Alles ist machbar. Tatsächlich sind es nur ganz seltene Momente im Leben, in denen man das Gefühl hat: Ich kann nichts machen. Ich habe keine Kontrolle, ich kann nur geschehen lassen und abwarten, was kommt. Beim Sterben ist das so, habe ich erfahren. Bei Geburten übrigens auch, und wenn einen die große Liebe verlässt – es ist ein Kontrollverlust, und der kann einem einen riesigen Schrecken einjagen. Die Vorstellung, wir hätten keine Kontrolle über unser Leben oder unsere Zukunft, über die Dinge, die passieren werden, ist so unangenehm, dass man sich selbst beruhigen kann, indem man grübelt. Es vermittelt einem ein Gefühl von Sicherheit: Wir tun ja etwas.

Wir kümmern uns darum. Natürlich nicht wirklich – es kommt ja nichts raus dabei, aber es ist wie eine Linderung, allerdings eine trügerische, von der man wirklich miese Laune bekommt.

Ich kann also noch 100 Mal alle möglichen Szenarien durchgehen: *Was passiert, wenn José sich in eine andere verliebt, die Weltwirtschaft mein Erspartes frisst, ich aus der Wohnung fliege und überhaupt – was ist, wenn ich plötzlich schwer krank werde? Oder das Kind? Oder die Mutter? Oder wir alle gleichzeitig?*

Das ist, als setzte ich mir einen Helm aus Grübeleien auf, der mich scheinbar vor all dem schützt. Die Sache hat nur zwei Haken:

1. Ein Grübelhelm schützt nicht im Geringsten vor irgendetwas, denn es kommt immer anders, als man denkt.

2. Der Grübelhelm ist nicht nur nutzlos, er versaut einem auch die Stimmung.

Unglück lässt sich nicht abwenden, wenn wir uns nur genug Mühe geben und nichts übersehen. Wenn man aber akzeptiert, dass man keine Kontrolle hat über das, was kommt, dass die Zukunft ungewiss ist und dass man alles schon irgendwie wuppen wird (et hätt noch immer jot jejange), dann kann es unfassbar befreiend sein, sich zurückzulehnen, die Kontrolle abzugeben und sich zu ergeben. Diesem wilden, unvorhersehbaren und bunten Leben. Es ist, als ließe man die Schnur von einer der dunklen, großen Wolken los – und dann schwebt sie einfach davon.

»Jaja«, sagt meine Mutter, nachdem ich ihr meine bisherigen Herausfindungen dargelegt habe, »alles schön und gut. Aber wenn ich an all das nicht mehr denken soll und mich ablenken soll und all das – ganz ehrlich: An was soll ich denn dann denken die ganze Zeit?« Berechtigter Einwand. Meine Mutter sorgt sich schließlich hauptberuflich. Besonders wenn man abends im Bett liegt, der Körper schon müde ist, aber das Gehirn noch Lust auf Unterhaltung hat – dann muss man ihm ja schließlich etwas anbieten, sonst kommt es ja wieder mit seinem Klassiker: Die peinlichsten Momente der letzten Jahre! Oder: Bekommen Kühe Winterfell? Oder eben: Was alles Schlimmes passieren kann! Und nun, nach so vielen Jahren, kann ich meiner Mutter denselben Satz sagen, den sie mir in meiner Kindheit jeden Abend gesagt hat, wenn sie für ein letztes Gute-Nacht-Bussi in mein Zimmer kam und mir eine gute Nacht wünschte: »Denk an was Schönes.«

Ich habe sie damals in meinem Kinderbett beim Wort genommen und habe tatsächlich an was Schönes gedacht: Ich habe mir vorgestellt, ich wohne auf einem Bauernhof mit vielen Tieren und einem riesigen Garten, ich habe mir vorgestellt, ich bin eine Prinzessin, und etwas später habe ich mir vorgestellt, der schönste Junge der Schule hält vor der versammelten Klasse um meine Hand an. Auf einem Pferd sitzend.

Die Bilder haben sich seitdem geändert, ich denke inzwischen an andere Dinge, aber der Bauernhof mit den vielen Tieren ist geblieben. Inzwischen ist er gewachsen, es gibt Pferdekoppeln, einen offenen Kamin und einen kristallklaren Bach, in dem man planschen kann, und eine Schaukel am Ast einer riesigen, alten Eiche, auf der man den ganzen Hof überblicken kann, wenn man hoch genug schaukelt. Manchmal denke ich auch einfach nur an einen Moment, der besonders schön war. Experten nennen den Bauernhof »Visualisierung« und die Dinge, die besonders schön waren, »Dankbarkeitsübung«.

Nachdem Visualisieren offiziell eine »Technik« und eine »Methode zur Entspannung« ist, gibt es jede Menge Tipps und Anleitungen, wie man am besten visualisiert (so kann man sich zum Beispiel einen »Führer« vorstellen, der einen an den auserwählten Ort der Entspannung führt – ich persönlich finde diese Vorstellung eher furchterregend, aber bitte: Jeder, wie er will), aber am Ende des Tages ist es einfach das: Stellt euch was Schönes vor. Es ist so ähnlich wie bei dem Beispiel mit der Zitrone, in die man nur gedanklich beißen muss, damit der Mund mit der Speichelproduktion beginnt: In einem angespannten Moment tut man gedanklich durch die Visualisierung einfach so, als wäre man entspannt – und weil Hirni keinen Unterschied macht zwischen dem Gedanken an den Bauernhof und dem wirklichen Bauernhof, entspannt man tatsächlich – ein bisschen wie Magie! Es ist praktisch das Gegenteil von Grübeln: Beim Grübeln stellt man sich eine Situation vor, die einen zur Verzweiflung treibt, beim Visualisieren dreht man den Spieß einfach um.

Je öfter man das macht, desto leichter fällt diese kleine Reise, und wer sich in Situationen wiederfindet, die total stressig sind, oder wenn alles zu viel wird, kann man sich kurz an diesen Ort zoomen, sich in diesen frohen, entspannten Zustand einfühlen, den der Ort mit sich bringt, und das beruhigt sofort ungemein.

# SELBSTZWEIFEL

… sind elend. Selbstzweifel sind verantwortlich für die beschissensten Dialoge, die man so führen kann. Der Zweifel fragt ja nie: »Warte mal – bist du nicht unterbezahlt?«, oder: »Weißt du eigentlich, was für ein reizendes Ding du bist?« Er sagt ja immer Dinge wie: »Meinst du wirklich, du schaffst das? Wie kommst du denn auf das schmale Brett?«, oder »Warum sind alle anderen schlauer, hübscher, eloquenter und selbstsicherer als du? Was stimmt nicht mit dir?«

Das kommt ja manchmal völlig aus dem Nichts:

Ich: »Hey! Hallo Karin! Schönen Tag! Wir sehen uns nachher in der Kantine!«

Karin: »Ja, bis später.«

………

………

………

Auch ich: *Die war aber kurz angebunden. War ich zu aufgesetzt positiv? Kann die mich nicht leiden vielleicht? Hätte ich etwas anderes sagen sollen?*

Sogar, wenn mein Gegenüber mir ein Kompliment macht.

Karin: »Hi! Ich hab deine Arbeit gesehen gestern, finde ich eine super Idee!«

Ich lächle verkniffen und starre in den Boden: »Ich bitte dich, das war doch nichts Besonderes …«

Denselben Reflex habe ich, wenn mir jemand ein Kompliment für irgendein Outfit macht. »Schönes Kleid!« Ich kann gar nicht anders, als das sofort abzutun, indem ich darauf hinweise, wie billig es war oder dass ich es zufällig gesehen habe und dass es eigentlich – genau – nichts Besonderes ist.

»Schöner Haarschnitt!«

»Ach na ja, ich weiß nicht so recht …«

Das geht mit allem so.

Wie bei dem alten Witz mit dem Therapeuten.

Therapeut: »Nennen Sie mir mal drei Ihrer Stärken!«

Klient: »Schwarzsehen, Frustessen und Selbstsabotage.«

Allein wegen dieser inneren Dialoge mit meinem geringen Selbstwert verstehe ich immer diesen Satz nicht, der in Ratgebern propagiert wird: Du musst nur du selbst sein! Ganz ehrlich – ich glaube nicht, dass ich, was mich selbst angeht, die kompetenteste Person bin. *Eventuell auch nicht, was andere angeht*, schickt der Selbstzweifel auch gleich hinterher und erinnert mich daran, wie ich wieder mal das Kind angeschrien habe, weil die Nerven gerade dünn waren. Alle anderen bekommen das doch auch hin. Warum ich nicht?

Die Selbstzweifel sollen also weg. Sie führen ja auch nirgendwohin! Aber wie schon zu Beginn bleibt da eine kleine, bohrende Frage: Ist es nicht gut, sich manchmal infrage zu stellen? Schließlich ist niemand eine glatte Zehn (*weiß Gott nicht,* trompetet der Selbstzweifel), also wann macht es durchaus Sinn, über Gesagtes oder Getanes nachzusinnen, ob man da richtig lag? (*Oder total daneben,* tönt es schon wieder.)

Es gibt einen feinen, aber ganz klaren Unterschied, heißt es, zwischen Selbstzweifeln (schlecht) und Selbstreflexion (gut). Und just während wir hier an der Autorin herumdoktern, ist das hervorragend zu sehen: Selbstzweifel entwerten immer die eigene Person. Reflexion hingegen ist genau das: die konstruktive Überlegung, was angemessen und gut ist, für sich selbst und für die anderen. Ich mache mir mit der Grübelei das Leben schwer, *weil du einfach eine totale Null bist*, sagt der Selbstzweifel, *das gilt es vielleicht zu ändern*, sagt die Reflexion.

Auch die Befürchtung, dass man zu einem überheblichen Arschloch mutiert, wenn man nicht permanent die eigene Person mitsamt ihren Taten und Aussagen infrage stellt, ist unbegründet. Das kann man selbst nachfühlen. Einfach mal kurz daran erinnern, wie es war, als man sich keine Sorgen gemacht hat, als man einfach nur glücklich war und positiv gestimmt und die Selbstzweifel die Klappe gehalten haben. Gab es nicht? Gab es doch. Zum Beispiel, als man frisch verliebt war …

Diese magische Phase, in der man davon ausgeht, dass alles dufte wird und die Welt ein wunderbarer Ort ist, kann man erleben, wenn man entweder Drogen probiert – was ich aus moralisch-pingelig-legalen Gründen von Verlagsseite nicht empfehlen darf – oder wenn man verliebt ist! Was das Gleiche ist, nur dass man da die Drogen selbst macht. Im Zustand der Verliebtheit wird das Gehirn geflutet mit lauter tollen Sachen:

1. *Dopamin*
   Das sogenannte Glückshormon beschert Erfüllung, Befriedigung und Euphorie, in etwa so wie bei Suchtkranken. Beschert außerdem Schlaf- und Appetitlosigkeit. Man ist also happy, extrem wach und nimmt auch noch ab dabei.

2. *Adrenalin*
Das macht das Kribbeln im Bauch, unser Atem geht schneller, der Blutdruck steigt und der ganze Körper ist in Alarmbereitschaft. Also körperlich ungefähr so wie bei einer Panikattacke.

3. *Testosteron*
Bei Männern sinkt der Testosteronspiegel (das macht sie verträglicher) und bei Frauen steigt er an (das steigert die Lust auf Sex). Vermutlich ein Versuch der Natur, die Unterschiede der Geschlechter in dieser Phase abzuschwächen.

4. *Serotonin*
Ein Botenstoff, der in der Verliebtheit stark schwankt und mit den Werten von Zwangserkrankten zu vergleichen ist.

5. *Oxytocin*
Wird auch während der Geburt und beim Stillen vermehrt ausgeschüttet und verstärkt die emotionale Bindung und das Vertrauen.

6. *Vasopressin*
Das Hormon sorgt für die Durchblutung der Genitalorgane und eine Verminderung des Harndrangs. Außerdem unterstützt es Kommunikation und Verbindung. Bei Ratten wurde nachgewiesen, dass Vasopressin bei den weiblichen Tieren die mütterliche Fürsorge verbessert, bei Männchen verbessert es das Sozialverhalten.

7. *Pheromone*
Die Sexuallockstoffe, die wir aussenden.

8. *Neurotrophin*
Ein Signalstoff für die Verbindung zwischen Nervenzellen, der bei Verliebten ansteigt – es wird vermutet, dass er für die Euphorie zu Beginn der Verliebtheit zuständig ist.

Nach einem Zeitraum zwischen einem Jahr bis zu vier Jahren gehen die Werte wieder auf Normalzustand zurück. (Das ist zwar schade, aber vermutlich notwendig, um nicht an körperlicher Erschöpfung dahinzuscheiden.)

Man ist also kurz gesagt mindestens ein Jahr lang nicht zurechnungsfähig. Was einige der spektakulärsten Entscheidungen erklärt, auf die ich zurückblicken kann – gemeinsam einen Monat lang durch die Pyrenäen zu wandern, IM WINTER!, weil er halt gerne schneewandert, der Depp, war nur eine davon.

Jedenfalls: Im Zustand der Verliebtheit ist unser Hirn so begeistert, dass es mit der Schwarzseherei und dem Gegrübel gar nicht erst anfängt. Im Gegenteil: Es hält alles für MEGA! (Deswegen ist es so wichtig, einen zuverlässigen Kreis enger Vertrauter zu haben, die einen in diesem Zustand vor dem Schlimmsten bewahren.) Und wenn sich doch ein Zweifel einschleicht, dass es ein Problem geben könnte – *DANN FINDEN WIR SCHON EINE LÖSUNG!* trompetet das Hirn, völlig besoffen von seinem Hormoncocktail.

Als ich frisch verliebt war in L., haben wir uns mitsamt unseren rosa Wolken und dem Hund ins Auto gesetzt und sind spontan in den Süden Spaniens, nach Malaga, gefahren – wir hatten zwei Wochen Zeit, es gab eine Freundin dort zu besuchen und außerdem wollten wir Sonne. Wäre ich nicht völlig berauscht von meinem körpereigenen Drogenmix gewesen, es wären sofort diese Einwände aufgeploppt:

- *Und wenn das Auto nicht durchhält?* (Eine nicht ganz unberechtigte Sorge in Anbetracht des Autos.)
- *Und wenn wir unterwegs kein Hotel finden? Schlafen wir dann im Auto?*
  (Ebenfalls eine nicht ganz unberechtigte Sorge in Anbetracht des Autos.)
- *Und der Hund? Der darf ja nirgends rein … Was mache ich mit dem Hund?*
- *Die Fahrt dauert ewig – da wird uns so was von öd unterwegs …*
- Ob wir meiner Freundin nicht auf den Keks gehen?
- ………

Ich könnte problemlos so weitermachen, über finanzielle Bedenken, die fehlende Air Condition im Auto, ob der Impfpass des Hundes in Spanien gültig ist und wie viel genau ich als Selbstständige nicht verdiene, wenn ich in der Zeit nicht arbeite.

Aber ich war eben voll auf Liebesdroge, also habe ich stattdessen gestrahlt, in die Hände geklatscht und »MEGA!« gerufen. Und dann sind wir losgefahren.

Und es war toll!

Hätte ich mir Nächte davor den Kopf zerbrochen wegen Hund, Auto und Verdienstausfall, es hätte überhaupt nichts gebracht, außer mir die Stimmung zu versauen. Wer weiß, vielleicht hätte ich sogar gedacht, das ist mir alles zu stressig und wir fahren besser nicht. In dieser Zeit gab es auch keinen einzigen Fall von:

*Wahrscheinlich mag er mich gar nicht WIRKLICH!*

Es gab auch keine Katastrophenszenarien, keine Zukunftssorgen, keine Sinnfragen, keine Überlegungen über Pinockel, selbst ob Kühe Winterfell bekommen, war mir komplett egal. Es war herrlich! Und während mich kein einziger Selbstzweifel plagte, passierte – nichts! Wenn man die Selbstzweifel weglässt, wegschiebt, sich ablenkt, wenn man Hirni etwas zu spielen gibt stattdessen, tut das der Reflexion über Gesagtes oder Getanes nicht den geringsten Abbruch! Die beiden sind ganz einfach zu unterscheiden: Selbstzweifel sind negativ und ziehen einen runter, kommen nie zu einer konstruktiven Lösung, und es geht nur um Dinge, über die man keine Kontrolle hat. Selbstreflexion lässt einen überlegen, ist zielgerichtet, man hat es in der Hand, etwas zu tun, und lernt etwas dabei, über das Thema oder über sich selbst. Es gibt einen Erkenntnisgewinn, hurra.

Weil Selbstzweifel meist von einem etwas mauen Selbstwertgefühl kommen, tauchen sie in allen Bereichen unseres Lebens auf – zum Beispiel im Job. Vollkommen normal ist es, sich Gedanken zu machen, ob man einer neuen Aufgabe gewachsen ist. Wenn man in der Werbeagentur zum Beispiel plötzlich als Kunden den Energieversorger E.ON zugewiesen bekommt (»Das machen Sie schon!«) und bisher nur Klopapier-Konzepte entwickelt hat, ist die Frage nicht ganz unberechtigt, ob man das wohl hinbekommt. Vollkommen normal ist auch, dass man befürchtet zu scheitern, und ebenfalls normal wäre, dies gleichzeitig als Herausforderung zu sehen, bei der es etwas Neues zu lernen gibt, gepaart mit ein bisschen Aufregung und Stolz, weil einem das anscheinend zugetraut wird.

Es soll Leute geben, die FREUEN sich, wenn das passiert. Die faseln von »Chance«, »sich beweisen« und »Gehaltserhöhung«. Beneidenswert, diese Leute. Nicht, dass ich das nicht nachvollziehen könnte: Im ersten Augenblick fände ich es auch ganz großartig – aber im zweiten? Ich bin ja noch im Anfängerlevel, das heißt, dass ich mir schon nicht sicher bin, ob das, was ich aktuell dem Klopapier-Kunden so präsentiere, nicht unter aller Kanone ist. Selbst wenn ich positives Feedback bekomme, relativiere ich das möglichst schnell (siehe: *Das war doch nichts Besonderes*), aber wehe, es gibt Kritik: Das liegt auf der Goldwaage wie ein Stein. Selbstzweifel im Job machen, dass man den Rest der Belegschaft aus unerklärten Gründen für kompetenter hält als sich selbst, dass man die Forderung nach einer Gehaltserhöhung wie eine Bitte klingen lässt und im Meeting diesem blöden Björn nicht widerspricht, obwohl man es gerne tun würde.

Selbstzweifel lassen sich auch nicht einfach so wegschieben – sie könnten ja recht haben! Wegen dieses Gedankens – sie könnten ja recht haben – ist das Mittel der Wahl der Faktencheck.

Ein Faktencheck ist eine recht trockene, unlustige Sache, funktioniert aber bei Selbstzweifeln ganz hervorragend. Meinen ersten Faktencheck habe ich bei meiner Mutter gemacht, und zwar im Rahmen ihres Italienischkurses – ich nannte es auch nicht Faktencheck, sondern fragte mich lediglich, wie jemand so derart an der Realität vorbeidenken kann.

Meine Mutter besucht zusammen mit einer Freundin den Italienischkurs für Fortgeschrittene. Einmal die Woche dackeln sie dorthin, machen ihre Hausaufgaben und büffeln Vokabeln. Die Mutter kann Bücher auf Italienisch lesen und Eros Ramazzotti übersetzen, sie kann die Unterschiede in der Konjugation vom italienischen Dings und dem deutschen Bums darlegen, aber sobald es darum geht, etwas zu sagen, ist Schluss. Das stellte sich vor der Ladentheke eines kleinen italienischen Dorf-Supermarkts heraus, vor dem ich mit meiner Mutter stand, um Käse, Brot und ein paar elementare Dinge einzukaufen. Wir waren zusammen mit dem Auto losgefahren, spontan nur sie und ich, und schließlich in einem hübschen Dorf im Piemont gelandet. Es war sommerlich warm, die Unterkunft hatte eine Terrasse mit Aussicht in die Berge, und es fehlte uns nur noch etwas Abendbrot zum Glück. Den Einkaufskorb am Arm standen wir nun vor der Theke und strahlten die freundliche ältere Dame an, die uns erwartungsvoll ansah. Sie sagte irgendein reizendes italienisches Wort, das wohlwollend und rund klang, und zeigte einladend auf Käse in allen Formen und Salamis in allen Größen. Während ich voller Vorfreude vornübergebeugt den Blick schweifen ließ, bemerkte ich neben mir – nichts. Ich sah zu meiner Mutter, und die befand sich in einer Art lächelnder Schockstarre. »Mama«, fragte ich nach, »alles in Ordnung?«, und sie nickte. Und sagte: kein einziges Wort.

»Ich fasse es nicht!«, sagte ich später, als wir endlich mitsamt Rotwein, Ziegenkäse, Brot und Salami auf unserer Terrasse saßen. »Du hast mich echt Tierlaute nachmachen lassen, um zu wissen, ob die Salami vom Esel ist oder der Käse von der Ziege – DABEI KANNST DU DOCH ITALIENISCH!« Aber Mama zuckte nur verlegen mit den Schultern. »Ich hab mich einfach nicht getraut – ich wusste nicht, ob es ›di‹ oder ›da‹ heißt, und was Falsches zu sagen wäre mir peinlich.«

»Was meinst du, wie peinlich es ist, im Supermarkt einen Esel nachzumachen?«, gab ich zurück, und bei der Erinnerung, wie ich iahend vor dem Tresen stand, musste sie lachen. Aber Fakt ist: Die Mutter traut sich trotz Fortgeschrittenen-Kurs nicht, auf Italienisch einzukaufen. Weil sie es nicht gut genug kann. Findet sie. Wer jetzt auch mit dem Kopf schüttelt: Genauso schüttelt irgendjemand anders mit dem Kopf, wenn man selbst mit sich hadert …

Wenn also meine Mutter befürchtet, sich lächerlich zu machen, nicht gut genug zu sein, und sich nichts zutraut, dann fallen einem doch direkt diese Fragen ein:

1. Was für reelle Gründe für deine Annahme gibt es?
2. Welche Gründe gäbe es für die Annahme, dass es anders ist?
3. Wie sehen das andere Leute, wenn du sie fragst?

Und das gilt für alle anderen Bereiche, in denen der Selbstzweifel wütet, auch.

Was im Job schon nervt, ist in der Beziehung noch elender: Selbstzweifel in der Beziehung können einem das Leben vermiesen (und dem Liebsten auch). Sie reden einem ein, dass man zu hässlich, zu dick, zu doof, zu anstrengend oder sonst irgendwas mit »zu« ist, weswegen einen der oder die Liebste verlassen wird, um endlich mit jemandem zusammen zu sein, der noch alle Tassen im Schrank hat. »Verständlich«, werden dann die Freunde mit den Schultern zucken …

WERDEN SIE NATÜRLICH NICHT! Aber das ist zumindest das Szenario, das einem Hirni in bunten Farben ausmalt.

Besonders in der Beziehung sind ausufernde Selbstzweifel eine wahre Katastrophe, und ein gelegentlicher Faktencheck kann die Rettung sein.

Je nachdem, wie schlimm es um den eigenen Selbstwert steht, und je nachdem, was man damit anstellt, machen die Selbstzweifel mehr oder weniger Probleme. Ein geringer Selbstwert kann einem zum Beispiel einreden, dass man Liebe, Wertschätzung und Respekt und solche Dinge gar nicht verdient hat. Es ist überhaupt nicht vorstellbar, dass irgendjemand einen mag – man weiß ja schließlich, wie scheiße man im Grunde ist. Klar, man kann eine

Zeit lang so tun, als wäre man der Fang des Jahrhunderts – aber irgendwann wird der andere schon merken, wie man *wirklich* ist: unwürdig, nicht liebenswert, der Zonk. Bleibt der Partner trotzdem bei einem, reden sich Frauen ein, dass es nur ihr Aussehen ist oder Sex, Männer befürchten eher, die Frauen wären »hinter ihrem Geld her« oder hinter sonst irgendwas – auf jeden Fall nicht hinter ihnen, weil sie sind ja der Zonk.[13] Deswegen versuchen sie auch, irgendetwas zu bieten: Geld, Sicherheit, Status, etwas in der Art, Frauen bieten hingegen sich selbst im kleinen Schwarzen.

Damit mich niemand falsch versteht: In Maßen ist das ganz normales Balzverhalten! Wer verknallt ist, versucht selbstverständlich, sich als den Fang des Jahrhunderts zu verkaufen! Ich habe kleine Schwarze im Schrank, die verstoßen gegen die Genfer Konventionen! Auch charakterlich bin ich deutlich toller, wenn ich frisch verknallt bin.

- Ich reagiere stets verständnisvoll: »Macht gar nichts, wenn du erst nachts um zwölf kommst statt wie ausgemacht um acht, ich freu mich!«
- Ich kann jeder Bemerkung des Liebsten etwas abgewinnen: »Was? Die Rahmen deiner 15 Rennräder sind aus Aluminium? Wow!«
- Ich bin empathisch bis zum Abwinken: »Oh nein, du hast einen Strafzettel? Du Armer! So eine Gemeinheit!«
- Außerdem wird nicht gefurzt.

Ich wundere mich, dass ich nicht selbst lachen muss. Normalerweise kommt man dann nach einer Zeit irgendwann wieder

---

13 Damit das klar ist: Es gibt natürlich jede Menge Zonks da draußen. Aber oft sind das genau die, die sich selbst für den großen Preis halten …

runter – was wahnsinnig entspannend ist. Endlich nicht mehr den Bauch einziehen, vor dem Ins-Bett-Gehen den Lidstrich nachziehen und permanent ein spannendes Leben vortäuschen – und endlich nicht mehr so tun, als ob man keinen Stoffwechsel hätte! Herrlich! Und überhaupt: »Warum kommst du erst um zwölf, wenn acht ausgemacht war???«

Der ganze charakterliche Rest entspannt sich ebenfalls, das heißt, dass man sich nicht mehr die ganze Zeit zusammenreißt – unvergessen, wie José auf meinem Beifahrersitz zusammenzuckte, als er zum ersten Mal live erlebte, wie ich den Fahrer vor mir lautstark zur Hölle schickte. »Oh, das gehört also auch zu dir«, ist ein oft gehörter Satz in dieser Zeit. Wenn es gut läuft, sind es nicht nur diese liebenswerten Eigenarten, die wir mit der neuen Liebe teilen, sondern wir präsentieren auch das Eingemachte: die Unsicherheiten und Ängste, die Dinge, für die wir uns schämen und was uns verletzt, die Peinlichkeiten, Unzulänglichkeiten und all die depperten Dinge, die wir anstellen, weil Hirni ein paar Dinge falsch verknüpft hat. Wir zeigen uns so, wie wir sind. Das macht verletzlich, aber wir wissen ja schließlich, dass wir alle keine Zehn sind und es völlig normal ist, dass man einen Riesenhaufen Kladderadatsch hinter sich herzieht, der nicht zur Ehre gereicht. Und genau diese Verletzlichkeit ist die wichtigste Voraussetzung für eine Bindung zwischen zwei Menschen.

So weit, so verbreitet. Wenn der Selbstwert aber sehr im Keller ist, entspannt man sich nicht, lässt sich nicht sehen und versteckt das wahre Kladderadatsch-Ich so gut es geht, denn: Sonst käme ja heraus, was für ein Zonk man in echt ist (und dann wird man nicht mehr geliebt, sondern verlassen). Das muss wahnsinnig anstrengend sein, immer so tun zu müssen, als wäre man der Fang des Jahrhunderts – und es klappt auch gar nicht! Niemand kann sich permanent verstellen. Selbst wenn man das könnte: Eine Verbindung zu einem anderen Menschen ist so nicht möglich. Das ist ein Teufelskreis.

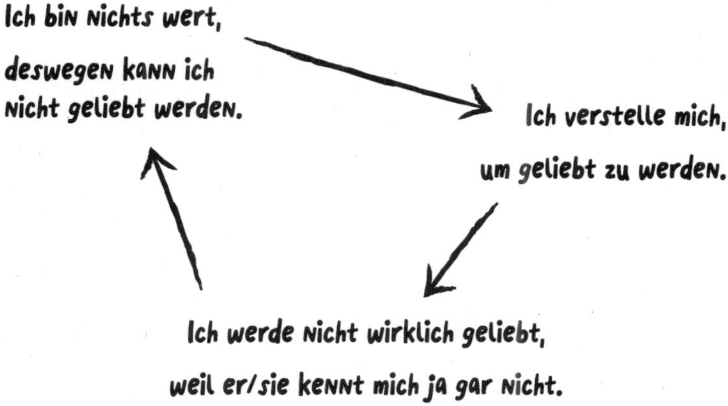


Da kriegt man doch einen Vogel. Die Dame, die ich kenne, die so tickt, postuliert demnach auch, wie viel entspannender und unglaublich befreiend es ist, keinen Partner zu haben – kein Wunder! Endlich kann sie so sein, wie sie ist.

Einen anderen Weg, den mangelnder Selbstwert in der Beziehung vorschlagen kann, ist Kontrolle. Er verläuft ungefähr so:

- *Ich bin nicht liebenswert.*
- *Mein Partner wird mich ablehnen, wenn er sieht, wie ich bin.*
- *Es wird schrecklich wehtun.*
- *Ich muss mich vor dem Schmerz schützen.*
- *Um das zu verhindern, muss ich die Kontrolle in der Beziehung übernehmen.*

Das kann sich auf verschiedene Arten äußern, man will zum Beispiel immer der oder die emotional »Stärkere« in der Beziehung sein, kontrolliert den Partner und wünscht sich dessen Abhängigkeit und hält ihn klein, wo immer es geht. Zum Beispiel, indem man ihn durchweg kritisiert für alles, was er tut, sagt oder wie er ist.

Wer Ansätze davon bei sich erkennt: Alles ist in Maßen völlig normal. Vielleicht gibt es irgendwo jemanden, der oder die völlig perfekt ist, aber der Rest ist »angeknackst auf dem Spektrum«. Heißt, auf einer Skala zwischen top und völlig durchgeknallt irgendwo dazwischen. Wichtig ist, wie wir mit unserem jeweiligen Knall umgehen. (An dieser Stelle: Es ist natürlich grandios, wenn sich jemand entschließt, den Knacksen auf den Grund zu gehen, woher sie kommen, und mithilfe von Leuten, die sich mit Knacksen auskennen, versucht, daran etwas zu ändern – aber erfahrungsgemäß ist das nicht so leicht, also lasst uns die Dinger derweil irgendwie hinkriegen, damit sie keinen Schaden anrichten.)

Wenn es also wieder so weit ist und man das Hirn mal wieder dabei erwischt, wie es einem einredet, man wäre zu hässlich, zu dick, zu doof, zu anstrengend oder sonst irgendwas mit »zu«, weswegen einen der oder die Liebste verlassen wird, um endlich mit jemandem zusammen zu sein, der noch alle Tassen im Schrank hat – mal kurz innehalten und nachfragen:

1. Was für reelle Gründe für diese Annahme gibt es?
2. Welche Gründe gäbe es für die Annahme, dass du durchaus gut genug bist?
3. Wie sehen das andere Leute, wenn du sie fragst?

Meine Freundin Anne legt noch einen drauf, denn sich selbst zur Räson zu rufen reicht ihr nicht, sie braucht die Bestätigung ihres Liebsten, dass alles in Ordnung ist. Dafür hat sie sich ein Herz genommen und all ihre Unsicherheiten, Ängste und falschen Verknüpfungen vor ihm ausgebreitet, mit der Bitte um Verständnis und einer weiteren ganz klaren Bitte: »Wenn ich mich schrecklich fühle und auch wenn das völlig aus dem Nichts kommt und du das nicht nachvollziehen kannst, würdest du mir dann bitte sagen, dass alles in Ordnung ist?« Seitdem hat der Dialog der beiden in solchen Situationen eine recht standardisierte Form, Anne schreibt dann nämlich immer dieselbe Frage und er antwortet:

Kann ich dich was fragen?

Ja, ich liebe dich immer noch!
Ja, ich würde dich auch noch lieben, wenn du plötzlich ein Wurm wärst!
Ja, ich würde weinen, wenn du stirbst!
Nein, ich will nicht Schluss machen!

Danke! ☺

Für Außenstehende mag das seltsam erscheinen, aber Anne lächelt, wenn sie die Antwort bekommt. Sie fühlt sich dann, als würden sie gemeinsam gegen ihre Dämonen kämpfen, und allein dieses Gefühl macht, dass sie sich verjagen lassen. Inspiriert von ihrer Methode habe ich eine Abmachung mit meinem Chef getroffen. Mein Chef ist Detlef, und er ist der pragmatischste Typ, den ich kenne. Damit er etwas zur Kenntnis nimmt, muss es ihm direkt und ohne Schnörkel ins Gesicht gesagt werden, sonst klappt es nicht. Seinem Pragmatismus habe ich es zu verdanken, dass ich gelernt habe, auf meine Erfolge hinzuweisen – er sieht sie sonst nämlich nicht. Auch dass Mitarbeiter Lob für eingefahrene Erfolge ganz dufte finden, war für ihn eine Erkenntnis, die wir ihm erst mühevoll beibringen mussten. »Wenn es nichts zu kritisieren gibt, heißt das doch, dass ich es gut finde!?«, war seine Einstellung, und er sah uns völlig verständnislos an, als wir den Kopf schüttelten. Er hat also dazugelernt und nun sagt er, wenn er etwas gut findet: »Gut gemacht!«, was zumindest eine Verbesserung ist. Meinen Selbstzweifeln aber genügt das nicht, zumindest nicht immer. *Das sagt er nur so*, flüstern sie mir ein, *der meint das gar nicht so …* Ich habe mir also ein Herz genommen und Detlef in seinem Büro aufgesucht.

»Hast du eine Minute?«

Und dann habe ich ihm erklärt, dass ich es toll fände, wenn er seinem Lob, wenn ihm etwas wirklich, wirklich gut gefällt, etwas mehr Verve verleihen würde. »Wie, was soll ich denn noch sagen?«, sah er mich etwas erstaunt an. »Ich weiß auch nicht – aber wenn du etwas richtig toll findest, dann drück das doch einfach aus!«

»Mehr Euphorie?«, schlägt Detlef vor, »Genau!«, nicke ich, »mehr Euphorie.«

Was soll ich sagen – bei meinem ersten Meeting zum neuen E.ON-Kunden besah sich die Truppe meine Vorschläge, Detlef fischte meinen Lieblingsvorschlag heraus, nickte sein knappes »Gut gemacht«, und dann fiel es ihm ein: Er sah mich quer über den Tisch an, ich lächelte gespannt zurück und dann legte er nach: »Also sehr, ganz, wirklich – großartig!«– und ich warf ihm eine Kusshand zu.

Ja, ich habe Detlef das Lob aus dem Mund gezogen, und wer möchte, kann sagen, es war erzwungen, aber hey: Es fühlte sich prima an! Ich schwebte noch den ganzen Tag und tue es immer noch, wenn ich daran denke. Ich fühle mich größer und stärker und ich kann jederzeit auf dieses Gefühl zurückgreifen, wenn der Selbstzweifel mir wieder mal einflüstern will, dass ich in echt gar nichts kann.

Die besten Selbstzweifel aber bekommt man hin, wenn man Mutter wird – holla die Waldfee! Einfach weil man so viele Vorstellungen davon hat, wie alles sein soll, und man genau bei allem zuverlässig versagt. Das geht in der Schwangerschaft schon los, in der man zu viel/zu wenig/an den falschen Stellen zunimmt, geht über die Geburt, die man »natürlich« und in der Badewanne zelebrieren wollte, und am Ende liegt man mit Mehrfach-PDA im Krankenhausbett, während andere Leute dieses Baby aus einem herausholen. Das Stillen klappt nicht, das Baby schreit die ganze Zeit, und was mache ich mit ihm, wenn ich duschen gehen will, wann kommt diese Mutterliebe, von der alle sprechen, und überhaupt: Warum ist der Bauch noch da, obwohl das Baby draußen ist, und WARUM KRIEGEN ALLE ANDEREN DAS HIN, NUR ICH NICHT?

Auch wenn man mit der Zeit bemerkt, dass es den anderen Müttern haargenauso geht und es ganz normal ist, dass man es nicht hinbekommt – es gibt ein paar Dinge, die verzeiht man sich nicht. Einfach weil man sie richtig schlimm findet. Wenn die Nerven dünn sind, Zeitdruck herrscht und das Kind herumbummelt, barfuß zur Schule will, einen haut oder vor Zorn den Hund am Schwanz zieht – egal was das Fass zum Überlaufen bringt: Manchmal tun wir Dinge, die wir im Nachhinein am liebsten ungeschehen machen würden. Das Kind anschreien, zum Beispiel. Etwas Verletzendes sagen oder ihm die Schuhe, die es nicht anziehen will, vor die Füße knallen. Sobald der Moment der Wut verraucht ist und sich die Kinderaugen mit Tränen füllen, kommt der große Auftritt der Selbstzweifel: *Du bist die schlechteste Mutter der Welt. Du kriegst es einfach nicht hin.* Und dazu bricht einem ein bisschen das Herz. Noch dazu geben die Schuldgefühle dem Selbstzweifel ja auch noch recht! Ich will das Kind nicht anschreien, etwas Verletzendes sagen oder ihm die Schuhe vor die Füße knallen! Es ist genau das Gegenteil von dem, wie ich sein möchte – und es passiert trotzdem. Aber trotz dieses wirklich miesen Gefühls, lasst uns die Aussage des Selbstzweifels

*Du bist eine wirklich miese Mutter. Wenn nicht die mieseste …*

ganz kurz überprüfen.

1. Was für reelle Gründe für diese Annahme gibt es?
2. Welche Gründe gäbe es für die Annahme, dass man durchaus gut genug ist?
3. Wie sehen andere das?

Sobald wir aufhören, uns in den Schuldgefühlen zu wälzen, und den Verstand einschalten, setzt die Selbstreflexion ein und beschäftigt sich mit dem, was in diesem Augenblick wirklich zählt.

- Wie ich in Stressmomenten mit dem Kind reagiere, gefällt mir nicht.
- Ich will es anders machen.
- Welche Maßnahmen gibt es?

Lösungsorientiert eben. Und dann beschließt man vielleicht, morgens zehn Minuten früher aufzustehen, das mit dem »Im-Kopf-bis-10-zählen-bevor-man-explodiert« auszuprobieren oder was einem sonst einfällt – und entschuldigt sich beim Kind.

Selbstzweifel haben auch deswegen so viel Erfolg, weil wir uns stets mit anderen vergleichen, heißt es. *Alle anderen kriegen es doch auch hin, Janine ist erfolgreicher als ich, Luise ist schöner (und so natürlich!), Daniela ist selbstsicherer, und wenn ich doch nur so entspannt auf Menschen zugehen könnte wie Eva, die ganzen Leute, die ich nur von Fotos aus ihren Social-Media-Kanälen kenne, gar nicht mitgerechnet.* Das lässt sich ewig fortsetzen. Aber es ist so wie mit dem Führerschein damals: Nach meiner ersten Fahrstunde, in der ich das Auto mehrmals abgewürgt habe, der Fahrlehrer panisch ins Lenkrad greifen musste und ich inmitten einer Kreuzung überlegte, jetzt einfach auszusteigen, saß ich völlig bedröppelt auf dem Marktplatz unserer Stadt und konnte es einfach nicht fassen: Alle Vollidioten da draußen konnten Auto fahren – nur ich nicht! Aber je länger ich mir die ganzen Halbstarken in ihren BMWs und mit dem Ellenbogen auf dem geöffneten Seitenfenster so ansah (ja, ich bin in einer Kleinstadt aufgewachsen), desto stärker wuchs in mir die Überzeugung: Wenn diese Vollidioten das alle gelernt haben, dann kriege ich das ja wohl auch hin!

Alles eine Frage der Sichtweise. Und so ungesund es ist, sich mit denen zu vergleichen, die besser, schöner, erfolgreicher und sympathischer erscheinen als man selbst: Lasst uns ruhig ab und zu nach unten vergleichen.

»Selbstzweifel?«, sagt Anne, als ich ihr vom Stand der (jetzt hätte ich beinahe »Ermittlungen« gesagt) Herausfindungen erzähle. »Du hast vielleicht Probleme … Ich muss mir einen neuen Job suchen! Und wenn ich nicht bald einen finde, ziehe ich zu dir ins Kinderzimmer.« Oh. Ich wusste, dass dieses Kapitel kommt.

# PROBLEME

Im täglichen Brei des Allerleis habe ich jede Menge Probleme. Der Drucker (schon wieder), der Nachbar von unten, das Kind kapiert Mathe nicht und kann die neue Freundin von L. nicht leiden, der Reisepass ist abgelaufen und der Flug schon gebucht, ich habe irgendwas falsch ausgefüllt und nun bekomme ich lauter unfreundliche Schreiben vom Bundeszentralamt für Steuern (Grüße!) …

Ich habe außerdem ein Organisationsproblem, weil aus unerklärlichen Gründen Kinder sechs Wochen Sommerferien haben, Eltern aber nicht – ganz abgesehen von minimalen persönlichen Problemen, zum Beispiel einem kleinen, aber ansehnlichen Impostor-Syndrom[14], einem mauen Selbstwert (wir sprachen davon) sowie der daraus resultierenden Überzeugung, nichts von den guten Dingen verdient zu haben, die mir zuteilwerden, weshalb sie alle – PUFF! – wieder verschwinden werden.

---

**14** Das haben Leute, die meinen, dass sie ihre objektiven Erfolge nicht ihren Leistungen verdanken, sondern Glück, Zufall oder der Hilfe von anderen.

Ich weiß nicht, ob das auch unter die Impostor-Sache fällt, aber ich stelle mir nur vor, was unser Praktikant Kamal zu meinen Problemen sagen würde (oder zu dem Wort Impostor-Syndrom) – wer mit den grundlegenden Dingen des Lebens gekämpft hat, zum Beispiel mit dem Überleben, steht Briefen des Bundeszentralamts für Steuern deutlich gelassener gegenüber, nehme ich an. Und dann schäme ich mich fast ein bisschen für sie. Nicht mal meine Probleme sind gut genug … Wenn man sich den richtigen Vergleich sucht, kann man natürlich jedes Problem kleinreden, das staffelt sich. Ines zum Beispiel hat immer Probleme mit der Salzwasseranlage ihres hauseigenen Pools. Die Arme. Ganz zu schweigen von der Frau, die ich am Tresen einer Bar belauscht habe und deren Problem war, dass der Infinity-Pool im Urlaub gar nicht »infinity« war.

Jede Menge Leute, die ich kenne, einschließlich meiner, haben Probleme mit sich selbst, und die sind auch nicht vom Tisch zu wischen. Seit einiger Zeit taucht allerdings vor allem bei meinen weiblichen Mitmenschen immer öfter das Wort »Trauma« auf – und auch da muss ich an Kamal denken.

Unvergessen, als er in der Kaffeeküche erzählte, wie ihm als Kind sein Vater den Schlüsselbund an den Kopf pfefferte und ihn so – unabsichtlich – die Kellertreppe runterstieß. Weil Kamal vergessen hatte, den Müll runterzubringen. »Oh Gott«, entfuhr es daraufhin einer Kollegin, und sie sah ihn erschrocken an – »da hast du bestimmt ein Trauma davongetragen!«

Verdutzt zog Kamal die Augenbrauen hoch: »Nein. Ich habe gelernt, den Müll runterzubringen.« Wie gesagt, immer eine Sache des Blickwinkels. Oder, wie er selbst sagt: »Integriert ist man erst, wenn man Burn-out hat.«

Für diese verschrobene Verhältnismäßigkeit gibt es einen Ausdruck, und er erklärt ein Phänomen, das ich diffus schon lange kenne, aber nie recht ausdrücken konnte.

Es heißt:

**Gesetz der zunehmenden Penetranz der negativen Reste**

Das klingt jetzt langweilig, aber bleibt bei mir, gleich gibt's ein Aha-Erlebnis. Der deutsche Philosoph und Essayist Odo Marquard[15] hat den Begriff erfunden für das Phänomen, dass sich Probleme bei vielen Menschen nicht lösen lassen aus dem einfachen Grund, weil sich dann die Sensibilität dafür, was ein Problem darstellt, erhöht.

Das sind meine Worte, er selbst hat es so beschrieben:

> Wo Fortschritte ... wirklich erfolgreich sind und Übel wirklich abschaffen, da wecken sie selten Begeisterung. Sie werden vielmehr selbstverständlich, und die Aufmerksamkeit konzentriert sich dann ganz und gar auf jene Übel, die übrig bleiben. Da wirkt das Gesetz der zunehmenden Penetranz der Reste: ... Wer – fortschrittsbedingt – unter immer weniger zu leiden hat, leidet unter diesem Wenigen immer mehr.[16]

Bleibt immer noch bei mir, ich gebe euch ein Beispiel: Warum denkt ihr, ist Laktoseintoleranz in, sagen wir, der Republik Kongo so wenig verbreitet? Genau: Wer gegen Cholera kämpft, schenkt einem Bauchgrummeln weniger Beachtung. Das ist so weit nachvollziehbar. Und ein Kratzer am Auto nervt umso mehr, wenn das

---

**15** * 26. Februar 1928 in Stolp, Hinterpommern; † 9. Mai 2015 in Celle

**16** Odo Marquard: »Medizinerfolg und Medizinkritik. Die modernen Menschen als Prinzessinnen auf der Erbse«, in: *Skepsis und Zustimmung. Philosophische Studien*. Reclam, Stuttgart 1994, S. 105

Auto ansonsten spiegelglatt poliert ist. Auf gesellschaftliche Themen umgelegt heißt das, dass sich umso mehr über Kleinkram aufgeregt wird, je gesünder eine Gesellschaft ist. Also je mehr sich etwas zum Guten entwickelt, desto mehr liegt der Fokus auf kleineren Vergehen – weil das gefühlte Ausmaß der Problematik gleich bleibt. Diese Entwicklung findet aber nicht in allen Teilen der Gesellschaft gleichzeitig statt – und das ist eine Crux.

Ganz großartiges Beispiel ist die Diskussion um dieses Gedicht an der Berliner Hochschule im Jahr 2018, erinnert ihr euch?[17] Da stand in riesigen Lettern an der Fassade das Gedicht des Schweizer Lyrikers Eugen Gomringer, 20 Wörter, auf Spanisch:

avenidas
avenidas y flores

flores
flores y mujeres

avenidas
avenidas y mujeres

avenidas y flores y mujeres y
un admirador

Übersetzt heißt das:

17 Das war die Berliner Alice-Salomon-Hochschule, eine Hochschule für Soziale Arbeit, Gesundheit, Erziehung und Bildung.

Alleen
Alleen und Blumen

Blumen
Blumen und Frauen

Alleen
Alleen und Frauen

Alleen und Blumen und Frauen und
Ein Bewunderer

Sechs Jahre lang prangte das Gedicht an der Fassade. Währenddessen passierten Dinge in der Gesellschaft, zum Beispiel eine vermehrte Bekämpfung von Sexismus, an der Hochschule vermutlich schneller und deutlicher als, sagen wir, in der Kneipe bei mir an der Ecke. Die Hochschule war sozusagen schon bei Level 2 (Frauen begaffen ist auch blöd), während meine Kneipe noch auf Level 1 hing (»Geiler Arsch« ist gar kein Kompliment, Manfred). Manche Manfreds hingen sogar noch auf Level 0 rum, das da war: *Man darf Frauen gar nicht einfach anfassen*. Das heißt, die Sensibilität an der Hochschule war höher als in anderen Teilen des Landes. Der AStA (Allgemeiner Studierendenausschuss), das Frauen*büro und rund 50 andere Studierende und Hochschulangehörige haben also einen offenen Brief geschrieben, dass und warum sie sich mit dem Gedicht nicht wohlfühlen, und das Thema der Hochschulleitung dargelegt. Daraufhin stürzten sich die Medien auf die Meldung und Himmel, gab es da einen Shitstorm. Stellvertretend für Manfred aus der Kneipe an meiner Ecke zeigten die Medien den Studierenden den Vogel, und hast du nicht gesehen, gab es Vorwürfe von Faschismus, Cancel Culture und Meinungsideologie. Ich muss zugeben, als ich das erste Mal die Nachricht las, dachte ich auch: Na ja – jetzt lasst mal die Kirche im Dorf. Aber im Endeffekt sagten die Studierenden nichts anderes als: Das Gedicht gefällt uns nicht. Oder wie es in ihrer Stellungnahme etwas ausführlicher heißt:

> … Wir sagen, dass Sexismus scheiße ist (okay nein, das sagen wir nicht explizit, aber das Rad muss ja auch nicht immer neu erfunden werden), und wir gehen davon aus, dass wir als Frauen* uns damit ganz gut auskennen – schließlich sind wir ja diejenigen, die ihn erleben. Wir sagen aber vor allem explizit, dass uns das Gedicht unangenehm an bestimmte Situationen erinnert – Situationen, in denen wir angegafft, objektiviert und sexualisiert belästigt wurden. Wir sagen nicht, dass es Ziel des Gedichts war, das in uns auszulösen. Wir sagen nicht, dass Eugen Gomringer ein Sexist ist und dass er wollte, dass wir uns so fühlen, wenn wir das Gedicht lesen. Wir sagen nicht, dass dieses Gedicht schuld an unseren sexistischen Erfahrungen ist. Wir haben uns auch nicht wütend schreiend auf den Alice-Salomon-Platz gestellt und »Vernichtet dieses Kunstwerk!« gebrüllt. Wir haben einfach nur gesagt: »Das hier ist auch unser Haus, und uns gefällt das Gedicht nicht. Können wir nicht mal umdekorieren?« …[18]

**18** »Stellungnahme des AStA zur aktuellen Debatte um die Neugestaltung der Südfassade der Alice Salomon Hochschule«. https://www.ash-berlin.eu/fileadmin/Daten/Einrichtungen/Pressestelle/mehralsfassade/Stellungnahme_fertig.pdf

Alle, die diese Stellungnahme lesen, haben dazu ein anderes Gefühl: Manche sehen das ganz genauso wie die Studierenden, manche verstehen die Motivation, fühlen aber selbst nicht so (ich zum Beispiel), und andere können das überhaupt nicht nachvollziehen.

Eigentlich könnte man es damit gut sein lassen – wir befinden uns permanent in allen Themen auf mehr oder weniger unterschiedlichen Levels. Erst dort, wo offener Rassismus verschwunden ist, kann es zu der Diskussion kommen, ob die Frage an einen dunkelhäutigen Menschen, woher er stammt, rassistisch ist. So verschiebt sich die Sensibilität an einigen Orten langsamer.

Dass wir alle nach unterschiedlichen Maßstäben werten, ist also eigentlich ein gutes Zeichen: Irgendwo hat sich etwas verbessert, deswegen werden neue, kleinere Probleme identifiziert. Stattdessen bringt es alle Seiten auf die Palme, immer wird der unterschiedliche Blickwinkel der anderen als etwas Absurdes dargestellt, als Jammern auf hohem Niveau oder ein Zeichen dafür, dass sie »jetzt total durchdrehen«. Umgekehrt werden Ignoranz, Arroganz und Starrsinn vorgeworfen. Das ist völlig unnötig! Wenn wir es als das sehen, was es ist – ein Prozess, Ende offen, und wir sind alle irgendwo dazwischen –, können wir uns so unendlich viele Hass-Diskussionen dazu sparen.

Ich finde etwas schlimm, was ein anderer nicht schlimm findet, und umgekehrt. So what. Ich zum Beispiel finde etwas schlimm, was außer mir fast niemand schlimm findet: Mir gehen diese ganzen nackten Frauen in der Kunst so auf den Sack. Diese stets dahingegossenen nackten Frauenkörper in Öl, als Statue oder auf Fotos. Nicht, dass das mitunter nicht großartige Kunst wäre – ist es! Aber es sind halt lauter Fantasien von »Bewunderern«, und mir gefällt das Bild nicht, das wir da abgeben. Irgendwann habe ich einmal als Beschreibung für diese Kunstwerke die großartige Formulierung gehört: *Fleischvasen für Penisblumen* – und ja, ich finde das stimmt so.[19]

Seit ich das Gesetz der zunehmenden Penetranz der negativen Reste kenne, fällt es mir immer wieder auf: bei emotionsgeladenen Diskussionen um Mohren-Apotheken, Schokoküsse, das Gendern und Pronomen sowie generell bei allem, was die LGBTQ-Community betrifft. Von totaler Ablehnung (das hieß schon immer so) bis zum schlechten Gewissen, weil man nicht auf dem neuesten Stand ist, sind wir so verkniffen mit diesen Themen, derweil könnten wir einfach hinnehmen, dass sich Zeiten ändern, und das tun sie für unterschiedliche Leute in unterschiedlichem Tempo.

Das Gesetz der zunehmenden Penetranz der negativen Reste ist also dafür verantwortlich, dass man immer Probleme hat – nur das, was man als Problem definiert, verändert sich. Ich hätte auf meine dämlichen Problemchen gepfiffen, hätte ich richtige. Das ist auch das Ziel dieser Sprüche, die einem immer wieder im Internet in Variationen begegnen, à la:

Wenn du Nahrung im Kühlschrank, Kleidung am Leib, ein Dach über dem Kopf und einen Schlafplatz hast,
bist du reicher als 75 Prozent dieser Welt.

Wenn du Geld auf der Bank, in deiner Brieftasche oder auch nur irgendwo herumliegen hast, gehörst du prozentual zu den Top 8 Prozent der Reichen dieser Welt.

19 Ich weiß leider nicht mehr, von wo oder von wem diese Aussage stammt, und sie ist nicht googlebar, ich glaube, sie stammt aus einem Programm der wunderbaren Comedian Hannah Gadsby.

> Wenn du heute Morgen gesund aufgewacht bist, geht es dir besser als der einen Million, die diese Woche nicht überleben wird.

Und so weiter. Sich das manchmal vor Augen zu halten, rückt den Drucker, den Nachbarn und die Briefe vom Bundeszentralamt für Steuern (Grüße!) in die richtige Verhältnismäßigkeit. Wie in der Nacht, als wir auf einem Bauernhof in der Wallachei übernachtet haben: Ganz leise konnte man im Hintergrund die Landstraße hören, auf der manchmal ein Auto vorbeifuhr. Mich hat das genervt, dabei ist es bei mir zu Hause viel lauter nachts. Das Rauschen kam mir nur so laut vor, weil es sonst so still war. Also wenn es nach dem Gesetz der zunehmenden Penetranz der negativen Reste geht, oder: Schlimmer geht immer ...

Was sind denn nun Probleme? Wir alle haben welche, und jede/-r kennt irgendjemanden, der angesichts dessen sagen würde: *Also, deine Probleme möchte ich haben …*

Meine Mutter hat so viele gesundheitliche Probleme, dass sie sich kaum zählen lassen, das Kind hat ein Problem mit Mathe-Textaufgaben, Jana hat ein Problem mit ihrem Chef, und von den Problemen der Welt will ich gar nicht erst anfangen. Wenn man im Internet nachsieht, was die Leute so für Probleme haben, dann erhält man außerdem folgende Ausbeute:

1. Problem mit sich selbst
2. Problem mit der Internetverbindung
3. Problem mit Autorität
4. Problem mit der Ex

5. Problem mit Vodafone

6. Problem mit Essen

Was mir, wenn ich Vodafone wäre, zu denken geben würde …

Zu dieser Liste können die meisten noch ein paar Dinge hinzufügen. Eine möglichst objektive Beschreibung von dem, was ein Problem ist, geht so:

*Ein Problem ist die unerwünschte Abweichung der Ist-Situation von der Soll-Situation.*

Oder wie Wikipedia sagt:

> Ein Problem entsteht in einer Situation, in der ein oder mehrere Ziele erreicht werden müssen, wobei nicht unmittelbar sicher ist, welche Maßnahmen ergriffen oder welche Mittel eingesetzt werden müssen, um diese Ziele zu erreichen.[20]

Die Textaufgaben des Kindes sind demnach absolut ein Problem, der Soll-Zustand weicht definitiv vom Ist-Zustand ab und über die zu ergreifenden Maßnahmen herrscht Uneinigkeit.

Das meiste hingegen, was ich als ein Problem ansehe, ist nicht wirklich ein Problem, sondern lappt eher in die Kategorie »Sorgen«: erkennbar durch das Präfix *Was passiert, wenn …*

Und was den Rest angeht: Ich bin mir überhaupt nicht im Unklaren, welche Mittel oder Maßnahmen ergriffen werden müssen, wenn es um das Bundeszentralamt für Steuern oder die Sommer-

---

**20** https://de.wikipedia.org/wiki/Problem

ferien des Kindes geht. Ich habe lediglich im Moment keinen Nerv oder keine Zeit, mich drum zu kümmern. Im Fall des Nachbarn von unten hingegen ist mir jeder Aufwand zu groß, um den Ist-Zustand zu ändern. Keine wirklichen Probleme also. Ich muss den Reisepass verlängern/neu beantragen/das Amt bestechen: Was auch immer ich tun muss, es liegt im Bereich des Möglichen. Wenn ich das Problem nicht löse, fliege ich nicht und das Kind muss allein in den Urlaub. Es gibt ein Problem mit dem Kurier, die Sendung ist nämlich nicht beim Kunden angekommen: Ich greife zum Telefon und gnade Gott dem Kurier. Das sind nicht die Probleme, die fertigmachen, richtig?

Es sind die anderen Dinge. Die, die vor sich hin schmoren. Ich habe seit einiger Zeit eine Freundschaft, die angeknackst ist, Jana hält ihren Chef nicht mehr aus, Dirk hat seine Ersparnisse mithilfe von Bitcoins annulliert, Mo ist unglücklich mit seinem Job, Luisa leidet unter den ständigen Streitereien mit ihrem Freund, und der neue Freund von Hummel steuert seit geraumer Zeit auf den Konkurs zu und bricht unter seiner Existenzangst fast zusammen. Nicht zu vergessen meine Arbeitskollegin, die völlig überfordert ist mit der Pflege ihrer alten Mutter, die ihr auch noch permanent vorwirft, nicht genug für sie da zu sein. Das sind die Probleme, die fertigmachen. Die, bei denen nicht klar ist, welche Maßnahmen ergriffen oder welche Mittel eingesetzt werden müssen, beziehungsweise: die man zwar eventuell ahnt, aber davor zurückscheut. Lieber behält man sie noch eine Zeit im Kopf.

Das kann Grübeln nämlich auch: Es gibt uns Sicherheit. Wenn unser Hirn endlose Runden dreht mit einem Thema, haben wir den Eindruck, wir kümmern uns darum. Und dann müssen wir nichts »tun«. Etwas zu tun, also die Maßnahmen, die man eventuell ergreifen müsste, und ihre ungewissen Konsequenzen jagen uns unter Umständen Angst ein, machen uns unsicher, und mit dem Gegrübel riskieren wir nichts. Wir können nicht versagen, die falsche Entscheidung treffen und in Sicherheit bleiben. In der

»Komfortzone«, wie sie so schön heißt. Die ist zwar nicht so richtig komfortabel, aber immer noch besser als dieses ungute Gefühl der Angst, was alles passieren könnte, wenn man denn handelt.

Falls sich jemand im Verdacht hat, auch nur zu grübeln, statt nachzudenken: Es gibt einen zuverlässigen Schnelltest, entwickelt vom Leiter des Zentrums für Psychotherapie Bochum, Tobias Teismann, und seinem Team:

Weiß ein Teilnehmer nicht, ob er noch nachdenkt oder schon am Grübeln ist, macht er einen Zwei-Minuten-Test: Der Patient wird aufgefordert, seine Gedanken für zwei Minuten weiterzuverfolgen. Anschließend stellt er sich folgende Fragen:

- Bin ich einer Lösung näher gekommen?
- Habe ich etwas verstanden, was mir vorher nicht klar war?
- Fühle ich mich weniger depressiv?

Wer keine der Fragen mit Ja beantwortet, grübelt wahrscheinlich.[21]

Es beim Grübeln zu belassen, kann eine Entscheidung sein. Zum Beispiel, weil sich an dem Problem im Moment nichts ändern lässt. Oder weil sich zwar durchaus etwas ändern lässt, aber man sich

---

21 Stefanie Maeck: »Negative Gedanken: Raus aus der Grübelfalle«, *Spiegel Psychologie*, 5.7.2013. https://www.spiegel.de/gesundheit/psychologie/psychotherapie-gegen-gruebeln-raus-aus-der-gruebelfalle-a-904224.html

gerade nicht imstande fühlt, das durchzuziehen, oder weil man hofft, dass sich die Parameter ändern. Vielleicht kann man mit sich selbst ausmachen, dass man das Begrübeln des Problems auf eine bestimmte Zeit reduziert – fünf Minuten am Tag, zu einer bestimmten Zeit oder nur montags zum Beispiel. Egal wie: Wer sich selbst zur Inspektion schickt so wie das Auto zum TÜV, ob nun einmal die Woche, einmal im Monat oder einmal im Jahr, kann den Rest der Zeit aufhören, sich den Kopf zu zerbrechen. Die Mutter zum Beispiel kann an ihren Gesundheitsproblemen rein gar nichts ändern (jemand anders leider auch nicht), und über deren Auswirkungen und Folgen kann sie sich 24 Stunden am Tag den Kopf zerbrechen, das ist ein weites Feld. Es hilft ihr auch nicht, sich was Schönes vorzustellen und sich einen Grübelstuhl zu besorgen. Aber sie kann sich sicher damit fühlen, das Thema im Kopf zu behalten und es nur zu bestimmten Zeiten hervorzuholen.

Es ist sozusagen eine Zwei-Schritt-Verifizierung, die Sache mit den Problemen – was auch immer es ist, der Chef, der Job, die Bitcoins oder die Gesundheit, was einen im Gedankenkarussell gefangen hält:

Schritt 1: Ist es etwas, gegen das ich etwas tun KANN? Wenn man diese Frage mit einem »im Prinzip ja« beantworten kann, bleibt, sich anzusehen, was die Möglichkeiten sind, denn es ist noch zu beantworten Schritt 2: WILL ich das auch? Janas Chef zum Beispiel ist ganz objektiv gesehen eine Arschgeige. Er ist patzig, macht seinen Angestellten permanent ein schlechtes Gewissen, stellt sie bloß und wird laut. Die komplette Belegschaft hasst ihn mit Inbrunst, und seit Ewigkeiten ringt Jana mit sich, zu kündigen oder einen Auftragsmörder zu engagieren. Beide Optionen fallen aus verschiedenen Gründen flach. Sie will in ihrem Job bleiben, bei genau dieser Firma, der Chef macht keine Anstalten, selbige zu verlassen, und in den Knast wandern will sie auch nicht. Eine Patt-Situation. Es gibt also durchaus Möglichkeiten, das Problem zu lösen, aber Jana will keine davon. Sie wartet lieber darauf, dass sich die Parameter ändern (dass der Chef versetzt wird zum Beispiel). Es bleibt also alles, wie es ist, aber nachdem es ihre Entscheidung ist, lebt sie besser damit.

Wer sich schwer tut, die Möglichkeiten zu definieren, die so zur Auswahl stehen, kann diesen kleinen Trick anwenden: Stellt euch einfach eine fiktive Freundin oder einen Freund vor, mit genau diesem Problem. Was würdet ihr raten?

Das funktioniert so hervorragend, weil man aus dämlichen Gründen zu anderen Leuten, auch zu fiktiven, freundlicher und sachlicher ist als zu sich selbst. Und dann gilt es, eine Entscheidung zu treffen (siehe S. 79, »Entscheidungen, die anstehen«).

All diese Probleme, der Chef oder die Kollegen, der Konkursprozess und das Dilemma mit der Pflege der alten Mutter – was man eben so mit sich herumträgt, nennen die Damen und ich »Baustellen«.

Das macht sie zu etwas, das nicht Teil von einem ist, sondern das man nur ab und zu besucht. Das sich irgendwie entwickelt. »Und? Was machen die Baustellen?«, frage ich Jana, wir bestellen Wein[22] und sie bringt mich dann kurz auf den neuesten Stand, was der Chef wieder, die Kollegin nicht und ihr Vermieter immer noch nicht … und dann ist das Thema Baustellen auch irgendwann wieder abgeschlossen. Ob man nun etwas tun kann oder nicht, und falls ja, ob man dann etwas tut oder sich entscheidet, nichts zu tun – in keinem, keinem, keinem Fall hilft Grübeln:

> Wenn du ein Problem lösen kannst, wozu dann Sorgen machen? Und wenn du es nicht lösen kannst, wozu dann Sorgen machen?[23]

---

22 Wer auch immer reflexartig mit einem »Alkohol ist keine Lösung« ankommt: Apfelsaft halt auch nicht.

23 Das ist ein bisschen salopp für ein Zitat aus dem 8. Jahrhundert von dem buddhistischen Mönch Shantideva aus seiner Schrift *Bodhicaryavatara*.

Oder grafisch ausgedrückt:

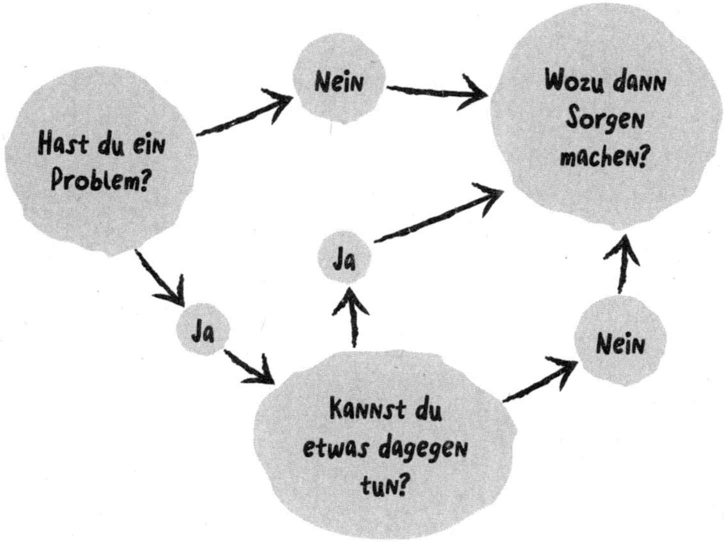


Das soll natürlich nicht darüber hinwegtäuschen, dass es Probleme gibt, dass sie einem zu schaffen machen, dass man unter ihnen leidet – und ich will um Himmels willen niemandes Probleme kleinreden. Es kann aber helfen, sich manchmal rauszuzoomen: Wie wir auf unserem kleinen Planten durch das dunkle Weltall fliegen, inmitten von Millionen und Millionen anderen Planeten und Sternen – ohne zu wissen, woher wir kommen und wo das Universum endet … Nicht umsonst berichten Astronauten immer wieder, wie sehr der Blick aus dem All auf unsere Erde verändert hat, wie sie die Dinge sehen. Oder wie in diesem Spruch, der in Pastellfarben im Internet herumgeistert:

In 1 Jahr sind 90 Prozent deiner Probleme Vergangenheit.
In 5 Jahren 99 Prozent.
In 50 Jahren bist du nur noch Erinnerung.
In 100 nicht mal mehr das.
In 500 nicht mal mehr ein Eintrag im Stammbaum.
Und dann, als ob du nie gelebt hast.
Was war jetzt noch dein Problem von heute?[24]

Hach ja. Klingt immer so einleuchtend, nicht? Aber manchmal …

Manchmal sind die Probleme, die einem so begegnen (Mo gefällt sein Job nicht), etwas, das von weiter unten kommt. Und damit wären wir schon bei etwas, das einen Stunden um Stunden das herrlichste Kopfzerbrechen bereiten kann.

24 Twitter: @CasusKnacksus

# SINNFRAGEN

Grübeleien können auch einsetzen, sobald die Realität nicht so aussieht, wie man es sich eigentlich wünscht. Kommt das häufiger vor, automatisiert sich das Gedankenkarussell sozusagen. Dabei geht es nicht darum, ob dem Leben generell ein Sinn zugrunde liegt, also ob unsere Existenz zu etwas nütze ist, das uns verborgen ist, sondern um das Gefühl der Sinnhaftigkeit des persönlichen Tuns. Das klingt ein bisschen verkopft (und außerdem todlangweilig), ich darf's mal eben so erklären: Kennt ihr das Buch *Rumo*? Das ist von Walter Moers, dem Macher von Käpt'n Blaubär, und es geht um die Lebensgeschichte eines jungen Wolpertingers (selbstverständlich gibt es Wolpertinger!). Er begegnet auf seinem Weg durch das gefährliche Zamonien einer Menge wilder Gestalten, Teufelszyklopen und Mondlichtschatten, den Kupfernen Kerlen und einem Schubladenorakel, er muss Abenteuer bestehen und kämpfen, sich ein Leben aufbauen, Verbündete finden, die Liebe und schließlich seine Welt vor der Unterwelt retten – kurzum, es ist ganz großartig.[25] Wie alle Wolpertinger kann Rumo, wenn er

---

**25** Walter Moers: *Rumo & die Wunder im Dunkeln*. Penguin Verlag, München 2020

die Augen schließt und sich auf seinen Geruchssinn konzentriert, mit der Nase sehen. Die Gerüche um ihn herum nimmt er dabei als bunte Bänder wahr, und die Farben der Bänder stehen für die Empfindungen, die der Wolpertinger mit dem Geruch verbindet. Pflanzen erscheinen so zum Beispiel vor seinem inneren Auge als grüne Fäden, Unrat als braune oder graue. Jeder Faden hat einen bestimmten Geruch und lässt sich verfolgen. Rumo bemerkt relativ früh einen ganz besonderen Geruch, den nur er wittern kann:

> »Aber was Rumo wirklich erstaunte, war eine Farbe, die er vorher noch nie gerochen hatte: Hoch oben über all diesen ländlichen Gerüchen wehte ein silbernes Band. Es war dünn und zart, ein Faden eigentlich nur, aber er sah es deutlich mit seinem inneren Auge. … Tief in seinem kindlichen Herzen spürte Rumo: Wenn er diesen Faden zur Richtschnur seines Weges machen und der Witterung bis zu ihrem Ursprung folgen würde, dann erwartete ihn dort das Glück.«

Diesem Faden folgt Rumo durch die ganze Geschichte und findet dadurch zu dem, was seine eigentliche Bestimmung ausmacht. Wenn er nicht weiß, welche Richtung er einschlagen soll, hält er seine Nase in die Luft und sucht diesen Faden, der ihm zuverlässig die Spur zeigt.

Warum ich diesen ganzen Ausflug nach Zamonien veranstalte? Man muss nicht an »Bestimmung« oder »Schicksal« oder so etwas glauben, aber ich bin mir sicher, dass wir alle das Bedürfnis haben, einer instinktiven Orientierung zu folgen – die oft mit der rationalen Entscheidung, eine bestimmte Richtung einzuschlagen, nichts zu tun hat. Unser Instinkt, unser silberner Faden, deutet zuverlässig einen Weg. Das meint zum Beispiel der

Ausdruck »uns liegt etwas«. Es entspricht dem, wie wir sind. Das gilt für einen Lebensstil, die Berufswahl und das Beziehungsmodell. Diese Richtung zu »erschnuppern« und ihr zu folgen wird einem nirgends beigebracht, und lange glaubte man, das Lebensglück hinge von ganz anderen Dingen ab. Obacht, bleibt bei mir, jetzt machen wir die Kurve noch größer.

Mit der Industrialisierung, mithilfe der Entwicklung von nuklearer Energie und Computern erlebten die Menschen einen Wandel, der etwas Großartiges versprach: persönliche Freiheit, unbegrenzte Produktion und damit unbegrenzten Konsum – somit würden alle glücklich! Zunächst nur die Mittel- und Oberschicht, aber man war überzeugt davon, wenn man weiter so schnell voranschreiten würde, dann käme die ganze Gesellschaft in den Genuss des neuen Luxus – Wachstum fördert Wohlstand und Wohlstand, genau, macht glücklich. Das muss eine wunderbare Zeit gewesen sein, in der die Zukunft rosig, sicher und vor allem berechenbar schien. Der Fortschritt war unaufhaltsam und versprach, dass jede kommende Generation es noch besser haben würde als die vergangene. Das galt noch für die Generation der Eltern: Kann sich jemand erinnern?

Man (der Mann) hatte einen sicheren Arbeitsplatz, mit dem man (er) die Familie ernährte, es war normal, dass diese Familie ein Auto hatte und in den Urlaub fuhr, der Mietvertrag war unbefristet oder es wurde ein Eigenheim abbezahlt, die Kinder kamen mittags aus der Schule und es landete der erste Mensch auf dem Mond. Ja, ich weiß, es gab auch zu dieser Zeit jede Menge Probleme, Konflikte und Böses in der Welt – aber man befand sich im Aufschwung. Wenn man nur die richtigen Entscheidungen traf und genug nach Wohlstand strebte, dann würde man ihn auch erreichen, und das bedeutete – Glück und Zufriedenheit.

Wenn ich in alten Fotoalben der Mutter blättere, ist diese Welt noch zu sehen: »Unser erster Farbfernseher!«, freut sie sich, und ein paar Bilder weiter hält sie mich im Arm, ein Fläschchen in der Hand. »Das war viel moderner, als zu stillen.« Etwas weiter hinten im Album stoßen wir auf die Mutter im Hippiekleid, und Erinnerungen an unerträgliche Räucherstäbchen steigen mir in die Nase. »Mensch Mama«, schüttle ich lachend den Kopf, aber die geht hinter mir im Kreis, eine Faust gegen die Decke gereckt, und ruft: »Ho-Ho-Ho-Chi-Minh!!« Ach stimmt. Die 68er gab es ja auch noch – die erleben durften, dass Engagement und Barrikaden tatsächlich etwas bewirkten. Spannende Zeiten – und große Verheißungen.

Was wir erlebt haben, ist das Platzen dieses Traums: Der Reichtum kommt nicht nur nicht überall an, im Gegenteil, er lässt die Kluft in der Gesellschaft immer größer werden (und geht auf Kosten der ärmeren Nationen), die große Freiheit hat uns in ein System gequetscht, in dem wir funktionieren müssen, und das nötige Wachstum, das dieses System braucht, zerstört den Planeten. Und die größte Versprechung von allen stellt sich auch als Trugschluss heraus: Die Befriedigung von Wünschen hat gar nicht dazu geführt, dass wir froh und glücklich sind. Während Industrie und Medien uns weiterhin alles präsentieren, was wir zum Glück noch brauchen, schwant uns, dass da eventuell der Wurm drin ist, und es ist ein bisschen so wie bei diesem riesigen Schaukel-Schiff auf dem Volksfest: Diese gigantische Schaukel in Form eines Schiffes, in der man, besonders wenn man ganz außen einen Platz findet, festgehalten von Stahlbügeln so hoch schaukeln kann, dass für einen kurzen Moment die Schwerkraft aufgehoben wird. Mir kommt es so vor, als wären wir momentan Passagiere auf diesem Schiff. Lange war es steil nach oben gegangen, und am höchsten Punkt ging es dann nicht nur nicht weiter nach oben, es wurden auch gleich die Bügel gelockert, es hat uns aus den Sitzen geschleudert, und schwerelos rudern wir nun hilflos mit den Armen. »Was machen wir jetzt?«, schreit jemand. »Keine Ahnung!«, schreien die anderen zurück. Es war ein Fehlgang, dieses Immer-mehr.

»Oder?«, frage ich im »Café Einstein« Jana und Anne, denen ich voller Verve meine Konsumkritik darlege. Die beiden sehen mich stumm an, Jana zieht eine Augenbraue nach oben und deutet fragend auf die prall gefüllten Tüten vom Sommerschlussverkauf neben uns. »Ich meine doch – generell!«, rudere ich mit den Armen und Jana lacht. »Ich weiß schon, was du meinst«, sagt sie, »der maximale Konsum und die maximale Produktion von Zeug haben keine zufriedene, glückliche Gesellschaft hervorgebracht – und trotzdem sind wir immer noch jeden Tag damit beschäftigt, das Modell aufrechtzuerhalten!«

»Genau!«, nicke ich. »Ist doch kein Wunder, dass sich Leute umsehen, wie andere Modelle aussehen könnten, sich plötzlich ›die guten alten Zeiten‹ zurückwünschen und davon überzeugt sind, dafür müssten als Erstes mal die Ausländer raus, man müsste Glücksratgeber kaufen oder spirituell durchdrehen! Ratlosigkeit lässt einen nun mal anfällig werden für Mist!«

»Entschuldigung«, hebt Anne den Zeigefinger und sieht von Jana zu mir und wieder zurück, »was meinen wir mit spirituell durchdrehen?« Ein kurzer Moment der Stille tritt ein, in dem ich nach einem Beispiel suche, das selbst für Anne zu verrückt ist. Jana tut das Gleiche, das sehe ich ihr an.

»Religiöser Fanatismus!«, platzt Jana als Erste heraus, und das ist ein perfektes Beispiel, denn Anne ist zwar bereit, daran zu glauben, dass man sich allein durch Licht ernähren kann, aber findet Religionen aller Art völlig abwegig. Wie immer im »Café Einstein« kommen wir der Rettung der Welt ziemlich nahe. Es ist alles so offensichtlich: Zu lange haben wir die falsche Frage gestellt, nämlich: Was ist gut für das System? Anstatt zu fragen: Was ist gut für den Menschen? Statt danach zu streben zu erkennen, was einem guttut, was einen bereichert, was einen wachsen lässt, was wahrhaftige Freude bereitet, welches Leben zu einem passt und wie das aussehen soll, ist man damit beschäftigt zu erkunden, welcher Weg der des geringsten Widerstandes ist, in welchem Beruf man die größten Chancen hat, wo man am besten verdient, was am vernünftigsten ist und wie man sich einen möglichst guten Platz in diesem Gesellschaftsmodell sichert.

Es ist eine Art Tauschhandel, den wir nicht infrage stellen: Wir müssen leiden (Arbeitsroutinen, Frust, Überstunden und so weiter), dafür haben wir dann Fernsehen, Auto und Mallorca. Das macht uns zur perfekten Stütze der Gesellschaft: Wir produzieren und konsumieren abwechselnd und ohne Unterlass. Das heißt, und damit kehrt die Kurve wieder zurück: Wir sind so damit beschäftigt, uns möglichst vorteilhaft in dieses System einzuschmiegen, das uns nicht guttut, dass die Sache mit dem silbernen Faden völlig brachliegt.

Es ist nicht nur so, dass wir ihm nicht folgen, wir sind so aus der Übung, dass wir ihn noch nicht einmal finden. Nur manchmal dämmert es uns: Da muss doch noch etwas sein. Büro, E-Mails und Malle, das kann doch nicht alles gewesen sein. Wir fühlen uns leer, unzufrieden und wissen gar nicht, woher das kommt: Wir haben ja alles. Zumindest alles, was es angeblich braucht, um froh zu sein. Was fehlt, ist die Richtschnur, der Faden, der Sinn. Ohne Ziel stolpern wir von einem Tag zum anderen und beruhigen uns mit Etappenzielen:

*Wenn ich nur erst die Gehaltserhöhung …*

*Wenn ich nur erst das Projekt zu Ende …*

*Wenn ich nur erst …*

… dann geht es mir endlich gut. Und dieser Zeitpunkt tritt nie ein.

Wer diesem Gefühl mit immer noch mehr Arbeit und Anstrengung begegnet, brennt dann irgendwann aus. Nicht umsonst steigt die Zahl der Leute, die unter Burn-out oder Depressionen leiden, stetig an, die Krankenkassen schlagen regelmäßig Alarm und wir wundern uns, dass die Jungen im Angesicht unseres Versagens die Work-Life-Balance zur neuen Priorität erheben. Die Symptome von Burn-out sind dabei übrigens ganz ähnlich wie die des Gefühls der Sinnlosigkeit: Gefühlsleere, Energiemangel, Hoffnungslosigkeit und existenzielle Verzweiflung.

Ein wichtiger Teil der Therapie von Burn-out-Patienten zielt darauf ab, mit Körpertherapien wieder zu sich selbst zu finden: sich spüren, eine Verbindung mit dem Körper aufnehmen, Selbstfürsorge und Gesundheitsbewusstsein lernen. Sie sind einfach zu lange per Autopilot geflogen. Nicht selten stellen Burn-out-Patienten im Prozess ihrer Heilung ihre Werte infrage und damit ihr Lebenskonzept. Oft suchen sie eine Aufgabe mit mehr Wertstiftung, und es kommt zum Jobwechsel – oder sie legen eine »Charaktermaske« ab, die nicht ihrem Wesen entspricht und die sie bisher durchs Leben getragen haben. Burn-out heißt nicht, ab jetzt weniger zu machen – wer gewohnt ist, auf Hochtouren zu fahren, wird nicht einfach langsamer, fährt aber vielleicht auf einer anderen Rennstrecke, und wer hoch qualifiziert ist für seinen Job und ihn gerne macht, muss eventuell nur die Position loswerden, die etwas von ihm fordert, was seinem Wesen nicht entspricht: zum Beispiel, ein knallharter Chef zu sein.

Wie gesagt, im »Café Einstein« klingt alles immer so leicht – aber zurück zum Anfang: Grübeleien setzen ein, sobald die Realität nicht so aussieht, wie man es sich eigentlich wünscht. Kommt das häufiger vor, automatisiert sich das Gedankenkarussell sozusagen … genauer gesagt: Das, was man tut, der Weg, den man geht, sollte mit der Lebensorientierung (dem silbernen Faden) übereinstimmen – denn das Selbst verschwindet nicht und es wird nie aufhören, nach uns zu rufen. Auch nicht, wenn man sich noch so oft selbst vorbetet: *Komm schon, gib der Sache eine Chance, schließlich sprechen A, B und C dafür.*

Man kann sich zwar über-reden, aber nicht über-fühlen. So kann Ines zum Beispiel (ja, die mit dem Salzwasserpool) sich noch so oft einreden, dass sie sich mit ihrem Partner arrangiert hat, und vor den Folgen einer Trennung – Streit, Kosten für eine Wohnung, Alleinsein und ein Leben ohne Salzwasserpool – zurückschrecken: Am Ende weiß sie, dass ihre Beziehung keine Chance hat. Ines hat übrigens seit einiger Zeit Panikattacken.

Stimmen Leben und Fühlen nicht überein, macht der Körper Sachen – und das Hirn lässt einen nicht in Ruhe. Erst wenn Einklang herrscht, erfährt man das Gefühl der Sinnhaftigkeit und inneren Frieden. Aber wie macht man das – besonders, wenn man überhaupt nichts erschnuppert, so sehr man den Giebel auch in die Luft reckt? Wie kann man wieder eine Verbindung zu diesem silbernen Faden herstellen? Woher soll man wissen, was für einen selbst sinnhaft ist?

»Sinnerfüllung«, so die Innsbrucker Sinnforscherin Prof. Dr. Tatjana Schnell, heißt, »dass man das eigene Leben als zusammenhängend und bedeutsam wahrnimmt, dass man sich als Teil eines großen Ganzen versteht und grob die Richtung kennt, die man einschlagen möchte«.[26]

Eine Möglichkeit, nach diesem silbernen Band zu fischen, ist, sich Fragen zu stellen – das Internet ist praktisch voll davon, man nennt sie auch »Lebensfragen«, sie kommen oft auf pastellfarbenen Hintergründen daher und trotzdem: Sie funktionieren ganz hervorragend, wenn man sich tatsächlich die Zeit nimmt, sie wahrheitsgemäß zu beantworten. Zum Beispiel:

- Was würdest du tun, wenn Geld keine Rolle spielt?
- Bei welcher Tätigkeit vergisst du die Zeit oder das Essen – oder sogar aufs Klo zu gehen?
- Was würdest du im Leben gerne tun, wenn du nicht versagen könntest?
- Was macht dir Angst? Und warum? Und was würdest du tun, wenn du keine Angst hättest?
- Gibt es einen Film oder einen Song in deinem Leben, der dich sehr berührt? Um was geht es darin?

**26** https://www.sinnmacher.eu/ (kostenpflichtig, aber ein Monat ist frei)

- Wofür stehst du ein, wenn es hart auf hart kommt?
- Wen bewunderst du? Und warum? Für was steht dieser Mensch?
- Was vermisst du in deinem Leben?
- Worauf glaubst du ein Recht zu haben?
- Was fällt dir leichter als anderen?
- Was macht dich stolz? Und was würde dich noch stolzer machen?
- Welche Eigenschaft hältst du bei anderen Leuten überhaupt nicht aus – und was könnte das mit dir zu tun haben?
- Welchem Bereich deines Lebens räumst du die höchste Priorität ein?
- Worin hast du dich nie geändert?
- Was macht dir schwer zu schaffen – und warum?
- Was oder wer half dir in der Vergangenheit, schwere Zeiten zu meistern? Und wie?
- Wie sähe deine ideale Zukunft aus?
- Was haben deine glücklichsten Momente gemeinsam?
- Woran denkst du, wenn du »Zuhause« oder »Heimat« hörst?
- Wie möchtest du in Erinnerung bleiben?
- Wann fühlst du dich am lebendigsten?
- …

Manche dieser Fragen sind leicht zu beantworten, manche schwerer und andere klingen leicht, stellen sich aber als harte Brocken heraus. Und auch wenn man sie einfach nur so durchliest, merkt man, dass sie alle in eine ganz bestimmte Richtung zielen: nach innen. Wie weit man da blicken möchte, kann man selbst bestimmen – einfach indem man nach jeder Antwort »Warum?« fragt. Immer wieder. Am besten noch, man lässt sich von jemand anderem fragen, dann bescheißt man sich nicht so leicht selbst.

(Wen diese Idee anspricht, dem sei Tatjana Schnells Buch *Psychologie des Lebenssinns* ans Herz gelegt.[27] Darin gibt es den neuesten Stand der Forschung zum Thema Lebenssinn nachzulesen und unter anderem auch einen Interviewleitfaden zur »Selbstexploration«, der auch in Therapien und Coachings eingesetzt wird und mit dessen Fragen man dem eigenen Sinn etwas näher kommen kann.)

Eine ganz andere Möglichkeit für einen Perspektivwechsel ist folgende: Stellt euch vor, ihr seid am Ende eures Lebens angelangt. Es ist Zeit abzutreten. Und nun werft ihr einen Blick zurück: Was bereut ihr im Nachhinein? Was hättet ihr gerne anders gemacht?

Der Trick funktioniert deshalb so gut, weil man sofort alles Unwichtige links liegen lässt, auch alle Ausreden und alle Geht-nicht und vor allem: alle Ängste. Es wird einem sofort klar, was einem wichtig ist, wohin es gehen soll. Der Weg dorthin mag dann anstrengend sein, aber mit dem Ziel vor Augen ist er leichter zu bewältigen.

(Diesen Trick mit dem Ende des Lebens habe ich by the way auch für ein Buchprojekt benutzt – das dann ein Lebensprojekt wurde. Es war ein Gedankenexperiment, bei dem ich davon ausging, ich hätte noch ein Jahr zu leben.[28] Während ich noch gespannt war, was ich infolgedessen tun würde und, vor allem, was ich lassen würde, krempelte dieses Projekt mein ganzes Leben um: meine Entscheidungen, über was ich mich ärgerte oder nicht, mit wem ich meine Zeit verbrachte und wie. Ich tat, was ich aus tiefstem Herzen wollte, und nicht mehr das, wovor ich am wenigsten Angst hatte, was am erfolgversprechendsten war, was am leichtesten fiel, was jemand von mir erwartete oder was irgendjemand wollte, dass ich es tat. Es war eine echte Offenbarung und sie hält bis heute an. Es ist nie zu spät, Dinge zu ändern.)

---

27 Tatjana Schnell: *Psychologie des Lebenssinns*. Springer, Berlin, Heidelberg 2025, 3. Aufl. Dazu die Website: https://www.sinnmacher.eu/ (siehe oben)

28 Von: mir. *Das Leben ist zu kurz für später*. mvg Verlag, München 2018

# DIE WUNDERVOLLE WELT DER NEURONEN

»Das mit dem Sinn leuchtet mir ein«, sagt Anne, »aber bei den meisten Hirnspiralen geht es doch eigentlich immer darum, sich irgendwie davon abzulenken.« Ob man jetzt an etwas anderes denkt oder sich irgendwas vorstellt oder bewusst atmet oder das Ganze vertagt – also wenn es nicht gerade eine Entscheidung ist oder ein Problem, das wirklich jetzt gelöst werden muss.«

»Ja«, nicke ich, »man trickst sich sozusagen ein bisschen aus.«

»Schräg«, findet Jana, »das klingt ein bisschen komisch. Als hätte man sich nicht unter Kontrolle.«

»Hat man auch nicht«, antworte ich und finde es immer noch ganz und gar erstaunlich, dass wir im Laufe des Erwachsenwerdens zu keinem Zeitpunkt eine Art Anleitung bekommen haben, wie dieses unglaubliche Hirn funktioniert, das uns so dermaßen die Stimmung verhageln kann. »Ich meine, man bekommt keinen Plan, keine Tipps, nichts! Ich weiß, was ich tun kann, wenn ich einen Husten habe, Bauchweh oder eine Sehnenscheidenentzündung, aber wie ich Hirni davon abhalten soll, mir permanent den Tag zu vermiesen, also DAS wäre mal eine Information wert gewesen.«

»Stimmt«, nickt Anne, »und hilfreicher als die Bio-Stunden über den Schwänzelflug der Honigbiene.«

Wir sind uns einig: Es geht eigentlich nicht an, dass wir mit diesem Supercomputer ausgestattet werden, aber sich dann niemand darum kümmert, einem beizubringen, wie er zu bedienen ist.

86 Milliarden Nervenzellen und drei Millionen Kilometer Nervenfasern hat Hirni zur Verfügung, es ist permanent am Arbeiten und braucht dafür gerade mal 20 Watt – so viel wie eine durchschnittliche LED-Lampe. Ein schneller Supercomputer braucht im Vergleich 18 Millionen Watt! Würde man einen Computer bauen, der ansatzweise das leisten könnte, was unser Gehirn so macht, bräuchte er ein eigenes Kernkraftwerk!

Ist das nicht Wahnsinn? Wir haben das unvorstellbarste, komplizierteste und großartigste Instrument, das man sich vorstellen kann, in unserem Kopf – aber nicht die geringste Ahnung, wie man es steuern kann! Wir überlassen die Zentrale für unser Denken und Fühlen sich selbst – das ist, als würden wir uns in einen Formel-1-Wagen setzen, die Arme verschränken und mit einem fröhlichen »toi, toi, toi« aufs Gaspedal treten!

Also natürlich haben sehr viele Leute ziemlich viel Ahnung von Gehirnen – nämlich die, die sich mit Gehirnforschung befassen. Gemessen an der Aufmerksamkeit, die die Gehirnforschung angesichts der Tatsache bekommt, dass sie sich mit dem geheimnisvollsten Organ beschäftigt, das der Planet so zu bieten hat, muss man sagen, dass sie ein echt unterirdisches Marketing hat. Eigentlich müsste es schon in der Schule ein Pflichtfach geben oder zumindest einen Kurs, der in einfachen Worten vermittelt, welche Ergebnisse der Forschung man so im Alltag anwenden kann. Aber das passiert dann immer erst, wenn das Kind schon in den Brunnen gefallen ist, nämlich wenn man zum Beispiel mit Depressionen bei der Therapeutin sitzt. »Hätten Sie mir mal früher sagen können!«, heißt es dann, wenn diese schließlich all die Möglichkeiten erklärt, die es so gibt, um diesen Formel-1-Wagen zu lenken.

Vielleicht wird die Gehirnforschung auch nicht ganz so sehr bejubelt, wie sie es verdient hätte, weil sie oft nur beweist, was der Volksmund schon lange weiß. Da winken wir dann gelangweilt ab – so gibt es zum Beispiel ein Zitat von dem römischen Kaiser Marc Aurel, der schon vor 2000 Jahren gesagt hat:

*Auf die Dauer der Zeit nimmt*
*die Seele die Farbe der Gedanken an.*

Das klingt nicht nur schön – er hatte auch völlig recht damit! Aber das wissenschaftlich zu beweisen dauerte etwas. Inzwischen weiß man:

- Die Großhirnrinde, das ist diese dichte, graue und verschnörkelte Schicht aus Nervenzellen, die jüngste und am weitesten entwickelte und für die höheren Funktionen zuständig. Zum Beispiel für die Verarbeitung von Sinneswahrnehmungen, Sehen, Lesen, Hören, Sprechen, Planung und Ausführung von Willkürbewegungen, Bewusstsein, komplexes Denken und Persönlichkeit.

- Sie ist immer aktiv.

- Sie verarbeitet nicht einfach nur Signale von außen, sondern befasst sich zum größten Teil mit »selbst generierter Aktivität«. Das sind Gedanken.

Abschalten lässt sich das Ganze nicht – nicht beim Schlafen, nicht beim Meditieren und noch nicht mal in der Hängematte am Sonntagnachmittag. »Das Gehirn denkt permanent. Jeder Gedanke entwickelt sich aus einem Gedanken heraus«, sagt der Neurowissenschaftler Henning Beck.[29]

Tagsüber ist das Gehirn beschäftigt:

- *Was koche ich heute Abend?*
- *Habe ich die Überweisung schon gemacht?*
- *Oh, da ist Sandra aus der Buchhaltung!*
- *Eine Alternative für das Klopapier-Konzept könnte sein …*
- *Warum fehlen immer Socken nach dem Waschen?*
- *Oh, schau mal, eine Ameise …*

Aber wenn man zur Ruhe kommt und die Reize von außen wegfallen, selbst wenn man hundemüde ist, hat das Gehirn noch lange nicht genug. *Und? Was machen wir jetzt?*, fragt es, und wenn man ihm nichts zu tun gibt, kümmert es sich um die Antwort eben selbst und es schmeißt ein paar interne Netzwerke an: das Gedankenkarussell.

Diese Netzwerke sind keine stabilen Verbindungen: Die Milliarden Nervenzellen sind nicht direkt miteinander verbunden,

---

29 »Hirnforschung: Messen, wo Gedanken anfangen und enden«, *Deutschlandfunk Nova*, 18.7.2020. https://www.deutschlandfunknova.de/beitrag/hirnforschung-messen-wo-gedanken-anfangen-und-enden

sondern zwischen ihnen befindet sich ein kleiner Zwischenraum, der synaptische Spalt. Trifft nun ein Signal auf eine Nervenzelle, sendet diese die Information als elektrischen Impuls in unvorstellbarer Geschwindigkeit weiter, und die kann man sichtbar machen. Diejenigen Verbindungen, die häufig genutzt werden, werden dabei stärker, andere, die weniger genutzt werden, bauen sich ab.

Das Gehirn ist also permanent dabei, sich neu zu verkabeln. Wenn wir etwas Neues lernen, vor einer beruflichen Herausforderung stehen oder einen anderen Blickwinkel einnehmen, werden neue Schaltkreise gebildet. Wenn wir alte Überzeugungen oder Meinungen fallen lassen, werden diese Schaltkreise abgebaut. Diese stete Veränderung im Gehirn nennt man Neuroplastizität.

»Neurons wire together if they fire together« (Neuronen verdrahten sich, wenn sie gemeinsam »feuern«), resümierte der Wissenschaftler Donald Ording Hebb im Jahr 1970. Will heißen: Die Verbindungen, die häufiger genutzt werden, werden stärker und ergeben ein Netzwerk.[30]

---

**30** Akademie für Neuromentaltraining: »Neuroplastizität: Die Macht der Gedanken über das Gehirn«. https://www.neuromentaltraining.com/neuro-blog/neuroplastizitaet-denken-gehirn/

Ein bisschen wie ausgelatschte Waldwege: Wenn man durch einen dicht bewachsenen Wald wandert, geht man gerne die ausgetretenen Wege entlang, die andere vor einem dort hineingetrampelt haben. Von oben gesehen ergibt das eine Wegekarte des Waldes, ähnlich einem Neuronennetzwerk im Gehirn. Die vorgetrampelten Wege zu benutzen ist für das Hirn bequem, und so geht es am schnellsten – es besteht aber immer die Möglichkeit, neue Wege zu trampeln. Je öfter diese benutzt werden, desto einfacher werden sie begehbar – die, die wir nicht mehr benutzen, wuchern mit der Zeit wieder zu. Dass sich das Gehirn bis ins hohe Alter auf diese Weise »umschreiben« kann, ist erst seit ein paar Jahren bekannt.

Lange glaubte man, nur das Gehirn selbst könne diese Wegekarte schreiben. Sie entstehe aus unseren Erfahrungen, guten wie schlechten, und sei mit Ende der Kindheit so gut wie festgeschrieben. »Ich bin halt so«, konnte man achselzuckend sagen und lag damit völlig auf der Höhe der Zeit.

Dass das Gehirn durchaus zu jeder Zeit dazulernen kann und sich verändert, haben Wissenschaftler auch mithilfe der Londoner Taxifahrer herausgefunden: Um in London als Taxifahrer arbeiten zu dürfen, müssen die Anwärter mehrere unfassbar harte Tests bestehen, in der Regel brauchen sie für die Vorbereitung drei bis vier Jahre, und rund 80 Prozent der Kandidaten scheitern. Sie müssen sich den Londoner Stadtplan mit seinen rund 25.000 Straßen und 10.000 Sehenswürdigkeiten einprägen und die kürzesten Routen dazwischen. Der Stadtplan muss in ihrem Kopf so präsent sein, dass sie auch vor den tückischsten Fragen der Prüfer bestehen, zum Beispiel nach einer Strecke, auf der man keine einzige Ampel überqueren muss. Deswegen gilt die Londoner Taxifahrerprüfung als einer der härtesten Tests der Welt. Genannt wird er offiziell einfach nur: »The Knowledge« – »Das Wissen«.

Londoner Wissenschaftler haben sich dieses harte Gedächtnistraining zunutze gemacht und festgestellt, dass das Büffeln nachweislich die Gehirnstruktur verändert. Die Taxifahrer, die sich »Das Wissen« aneigneten, hatten neue Nervenzellen gebildet und auch neue Verbindungen zwischen den Nervenzellen gestärkt. Die Forscher werteten dies als Beleg dafür, dass Lernen auch im Erwachsenenalter Hirnstrukturen verändern kann.[31]

Den absoluten Knaller aber lieferte der spanische Neurophysiologe Álvaro Pascual-Leone, der an der Harvard Medical School unterrichtet.[32] Er und sein Team konnten beweisen, dass Gedanken allein imstande sind, die physische Gehirnstruktur zu verändern: Er bildete zwei Testgruppen, die noch nie zuvor Klavier gespielt hatten. Alle Teilnehmenden lernten eine bestimmte Tonfolge, die sie zwei Stunden am Tag an fünf aufeinanderfolgenden Tagen üben mussten. Die eine Gruppe übte die Tonfolge am Klavier, die andere Gruppe hatte die Aufgabe, sich nur vorzustellen, die Tasten zu drücken. Mithilfe von fMRT-Bildern[33] wurde die Gehirnstruktur der Teilnehmer vor und nach dem Fünf-Tage-Training sichtbar gemacht und, ta-taaa: Bei beiden Gruppen – ob nun bei der, die real am Klavier geübt hatte, oder bei der, die sich das nur mental vorgestellt hatte – konnte eine Veränderung im Bewegungszentrum beobachtet werden: Es wurden neue Synapsen gebildet und vorhandene gestärkt! Und das in nur fünf mal zwei Stunden! Wer jetzt nicht bass erstaunt ist: Es war der Beweis dafür, dass es egal ist, ob wir etwas wirklich real erleben oder es uns nur vorstellen. Etwas Nichtphysisches, die Gedanken, hat also die Macht, etwas Physisches,

---

**31** »Taxifahrer haben mehr graue Zellen«, *Welt*, 12.12.2011. https://www.welt.de/wissenschaft/article13763013/Taxifahrer-in-London-haben-mehr-graue-Zellen.html

**32** »The Brain: How the Brain Rewires Itself«, *Time*, 19.1.2007. https://time.com/archive/6596791/the-brain-how-the-brain-rewires-itself/

**33** fMRT steht für funktionelle Magnetresonanztomografie. Sie ist eine Sonderform der gewöhnlichen Magnetresonanztomografie (MRT). Der Proband liegt dabei in einer langen Röhre, in der ein Magnetfeld erzeugt wird. Bei der fMRT messen die Forscher zusätzlich den Sauerstoffgehalt des Bluts im Gehirn. Dadurch machen sie sichtbar, wie und wo das Gehirn gerade arbeitet.

nämlich eine Gehirnstruktur, zu verändern! Das ist ungefähr so spektakulär wie Telekinese – man stelle sich nur vor, was los wäre, wenn jemand mit Macht der Gedanken ein Feuer entzünden oder einen Stuhl verrutschen könnte!

Was nun passiert, wenn man sich regelmäßig mit negativen Gedanken, Sorgen und Ängsten beschäftigt, ist, dass man die entsprechenden schon vorhandenen Waldwege ausbaut, planiert und zementiert. Sorgen können dann mit 180 über diese Autobahn rasen, während positive Gedanken auf der Landstraße nebenan mit 20 dahinzuckeln.

Das hat unter anderem zur Folge, dass man die Welt durch einen negativen Schleier sieht – man bewertet an sich neutrale Situationen negativ.

Das ist so wie bei der unbeantworteten WhatsApp: Ist alles in Ordnung im eigenen Gemütshaushalt, zuckt man mit den Achseln und denkt sich: *Na, wohl gerade beschäftigt, mein Kumpel.*

Ist gar nichts in Ordnung, quält man sich: *Ich bin es meinem Kumpel nicht mal wert, dass er antwortet. Keiner liebt mich …*

Wie unfassbar weit man danebenliegen kann, wenn man frei heruminterpretiert, was die anderen Leute so denken und meinen, das ist eine wahre Pracht. Ich habe schon ganze Welten konstruiert aus nichts weiter als einer Geste oder einem Blick.

Es wäre viel schöner, würde man einfach positiv gefärbt interpretieren! So wie die Typen im Club, die eine Frau sehen, die ihren Blick meidet, sich von ihnen abwendet und sich mit ihrer Freundin unterhält, und das interpretieren als: »Ich würde gerne ein paar Statements von dir zu meinen Augen und Haaren hören!«

Blöderweise spielt dem Ganzen auch noch ein unschöner menschlicher Konstruktionsfehler zu, nämlich der sogenannte »Bestätigungsfehler« (oder auf Englisch: *confirmation bias*). Der besagt schlicht, dass wir dazu neigen, unsere vorhandenen Einstellungen zu bestätigen. Je nachdem, was in unser Weltbild passt oder nicht, werden passende Informationen stärker gewichtet, bemerkt und für wahr befunden als andere. L. zum Beispiel ist überzeugt davon, dass BMW-Fahrer grundsätzlich rücksichtsloser, aggressiver und schneller fahren als die Fahrer anderer Automarken. »Siehst du«, sagt er, wenn uns ein schnittiger BMW beinahe von der Spur schiebt, »schon wieder einer!« Ich kann ihn auch mit nichts davon überzeugen, dass dem nicht so ist. »Dir fallen ja nie all die BMW auf, die ganz normal fahren«, sage ich, aber L. schüttelt nur stur den Kopf. Eine Zeit lang habe ich die Marken anderer Autos gerufen, die sich im Verkehr danebenbenehmen: »Mercedes, Opel, Landrover«, … darauf reagiert L. aber nicht. Wenn in dieser Liste aber ein »BMW!« auftaucht, zuckt er sofort: »Siehst du?« Es ist zum Verrücktwerden.

Alles, was mit der bestehenden Einstellung übereinstimmt, hat Vorrang im Gehirn. Das ist so fatal, weil wir uns auch in einem negativen Weltbild permanent selbst bestätigen.

*War ja klar*, denkt man da unter Umständen, wenn man etwas nicht geschafft hat. *Hab ich es doch gewusst, ich krieg halt nie etwas richtig hin, ich bin halt eine Null*, und so weiter.

Der Bestätigungsfehler ist unfassbar verbreitet, wir begehen ihn permanent – einfach weil das Gehirn es am bequemsten hat, wenn wir die vorgefahrenen Strecken benutzen. In vieler Hinsicht ist dieser menschliche Konstruktionsfehler kein Problem – es passiert ja nichts, wenn man davon überzeugt ist, BMW-Fahrer sind blöd. Ein Problem ist es erst, wenn man davon überzeugt ist, man selbst ist blöd. *Hast du schon wieder was nicht zu Ende gebracht, was? War ja klar …* Es beißt sich in den Schwanz.

Man grübelt auf Zeug rum.

Das führt zu Folgendem: Neuronale Strukturen des Gehirns verändern sich.

Das führt zu: tendenziöser neuronaler Repräsentanz in unserem Hirn.

Die begünstigt Folgendes: Neutrale Gegebenheiten werden negativ interpretiert – was zu noch mehr Gegrübel führt.

Was wir also tun, wenn eine Grübelei im Anflug ist: Wir versuchen, das Hirn dazu zu bringen, diese breit planierte Autobahn nicht entlangzugehen. Mit allen möglichen Mitteln.

Ob nun mit Achtsamkeitsübungen, also dem Konzentrieren auf die Sinne, die Umgebung oder die Atmung, ob mit schönen Gedanken oder anderen Ablenkungsmanövern wie einem Umgehungsschild mit dem Verweis »Kommen Sie später wieder«. Je öfter wir das üben, desto leichter fällt es.

Aber Obacht: Fallt nicht auf Hirnis Tricks rein …

# HIRNIS TRICKS

Je mehr wir über Hirni und seine Art zu funktionieren wissen, desto leichter bemerken wir, wenn es sich auf den Holzweg macht. Das macht es übrigens nicht mit böser Absicht, es hat nur seine eigenen Prioritäten, die nicht immer hundertprozentig mit unseren übereinstimmen.

Einen seiner Tricks haben wir schon zu Beginn kennengelernt, nämlich: *Und was, wenn es diesmal wirklich ernst ist?* Ganz miese Nummer. Wir haben auch schon gesehen, dass das Grübeln uns manchmal die Gewissheit vorgaukelt, wir kümmerten uns um ein Problem – damit wir nicht tatsächlich etwas tun müssen, vor dem wir vielleicht zurückschrecken.

Das ist aber noch nicht alles. Hirni hat noch mehr drauf. Es kann zum Beispiel, anstatt ein Problem zu lösen, sich darin verbeißen, dem Problem auf den Grund gehen zu wollen. Wenn man nur endlich versteht, woher es kommt, warum man es hat, was der Auslöser war – ja, dann …

Was passiert, wenn man tatsächlich einmal vor einer Flipchart sitzt und eine Therapeutin jedes einzelne Problem, das man so hat, mittels Pfeilen mit dem jeweiligen Kindheitstrauma verbindet, das dafür verantwortlich ist, ist Folgendes:

Ich: »Oh! Jetzt macht alles Sinn! Endlich verstehe ich, woher alles kommt! Wird jetzt alles besser?«

Therapeutin: »Haha! Nein! Jetzt kommen Sie die nächsten Jahre einmal die Woche mit Ihrer Kreditkarte …«

Man verstehe mich nicht falsch – in vielen schwerwiegenden Fällen mag das genau das Richtige sein, aber wenn es sich nur um eine Vermeidungsstrategie handelt, bringen einen die Gründe für irgendwas überhaupt nirgends hin. Deswegen ist es auch völlig nutzlos, sich gedanklich permanent darum zu drehen, warum man so ist, wie man ist. Das ist, als würde man von einer giftigen Schlange gebissen – und anstatt nun zu versuchen, sich zu retten, die Wunde zu versorgen und von dem Gift zu genesen, sucht man wie eine Irre nach der Schlange, fängt sie, versucht herauszufinden, warum sie einen gebissen hat, und hält ihr einen Vortrag, warum man das echt nicht verdient hat! Wer sich wie Anne mit Unsicherheiten, Ängsten und falschen Verknüpfungen das Leben schwer macht, kann um keinen Deut besser mit ihnen umgehen, indem er Pirouetten darum dreht, ob er sich diese nun wegen des abwesenden Vaters oder der übervorsichtigen Mutter gebastelt hat. Aber es bewahrt davor, in Aktion treten zu müssen.

Ein weiterer Trick von Hirni ist das Protagonisieren von Problemen: Man kann sich den ganzen Tag mit einem Problem oder mit einem ganzen Potpourri von Sorgen herumschlagen – einfach weil man sonst nichts hat. Eine Nachbarin aus meinem Viertel, auch bekannt als »das Auge«, tut den lieben langen Tag nichts anderes, als sich mit den Vergehen ihrer Mitmenschen zu beschäftigen. Das wäre ja noch nicht mal schlimm – wenn sie wenigstens ihre Freude daran hätte! Hat sie aber nicht – monatelang liegt sie mit der Müllabfuhr im Clinch, weil die irgendwas mit den Mülltonnen machen, das ich, sofort als sie es mir erzählt hat, vergessen habe, und dann mit der Hausverwaltung, weil die sich nicht kümmern um das andere, das ich vergessen habe. Aber seit Längerem ist sie nun schon fix und fertig wegen der Jungs, die an der Ecke eingezogen sind: Die machen auch irgendwas, das ich vergessen habe. Sie hält ihre Probleme fest in den Armen wie ein Baby, sie schunkelt sie, und ohne sie wäre sie – keine Ahnung was. Ich kenne sie nur so.

Unser Hirn bietet uns alle möglichen Alternativen an, damit wir uns nicht mit den wirklich unangenehmen Problemen beschäftigen müssen – und dann kann es passieren, dass eine Freundin sich plötzlich nur noch um das »Problem Ex-Mann« dreht, weil der Weg, der vor ihr liegt, ihr solche Angst macht.

Aber trotz aller Kniffe – wir haben es in der Hand, Hirni nicht das Ruder zu überlassen. Wir können es mit ein bisschen Mühe davon abhalten, sich permanent um sich selbst zu drehen und uns die Stimmung zu versauen. Also wenn es mal wieder volle Kanne abwärtsrennt – haltet kurz ein und fragt kurz nach:

Um was handelt es sich?

# SOFORTHILFE IM SCHNELLDURCHLAUF

Was auch immer es ist, das plötzlich Runde um Runde in unserem Oberstübchen dreht, die gleiche Leier von immer oder etwas völlig Neues, eine Aneinanderreihung von miesen Gedanken oder ein bestimmtes Szenario – das Schwierigste ist, nicht auf den Alarm hereinzufallen, den unser Hirn veranstaltet und der da immer heißt: *DARUM MUSST DU DICH JETZT KÜMMERN! WENN WIR UNS JETZT DARÜBER NICHT DEN KOPF ZERBRECHEN, PASSIERT ETWAS SCHLIMMES!*

Und wenn ihr auch nur ansatzweise so tickt wie ich, ist eure Frage sofort: *UND WENN ES ABER WIRKLICH WICHTIG IST?* Durchatmen. Und dann einen Schritt zurücktreten und nachfragen: Um was handelt es sich?

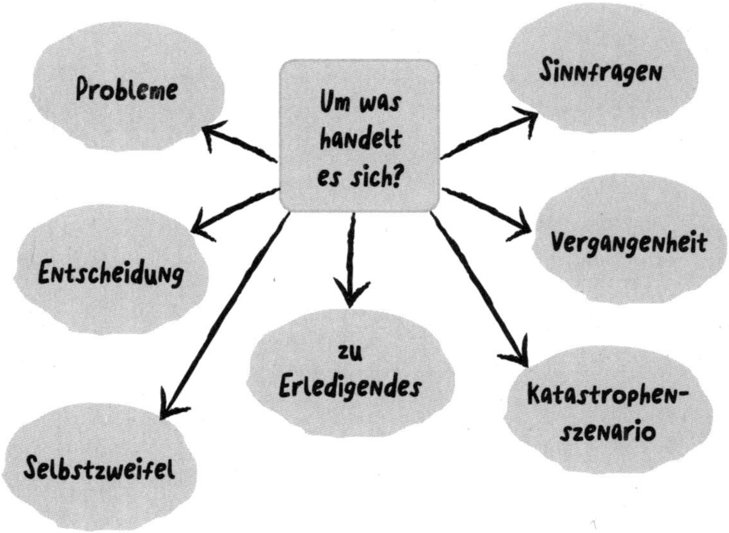


Schon dieser Moment, dieser Abstand, schafft eine kleine Distanz, die hilft, dass man sich nicht so ausgeliefert fühlt. Wer der Sache nicht über den Weg traut und immer noch befürchtet, die Welt stürzt ein, wenn er sich nicht permanent mit allem gedanklich auseinandersetzt: einfach mal eine Woche lang probieren. Nur so zum Spaß. Markiert mit einem Post-it im Buch jeweils die einzelnen Punkte:

- zu Erledigendes
- Vergangenheitsgrübeleien
- Entscheidungen, die anstehen
- Katastrophenszenarien und Zukunftssorgen
- Selbstzweifel
- Probleme
- Sinnfragen

Und sobald Hirni mit irgendetwas davon ankommt, exerziert das durch. Nur mal, um zu sehen, wie es ist. Mit der härtesten Nuss von allen, mit Jenny, der irischen Fee, habe ich einen Testdurchlauf gemacht. Jenny liegt in den letzten Zügen der Hochzeitsvorbereitungen und ihr frischester Gedankenfurz ist folgender: Nachdem sie ja demnächst heiraten werden und so weit alles so läuft wie geplant, sie somit auch ihre vorerst letzten Sexualpartner sein werden, befürchtet Jenny, dass dieser Umstand allein praktisch eine Garantie dafür ist, dass ihr Freund sich irgendwann eine andere anlacht. »Ah«, versuche ich verständnisvoll zu klingen, aber Gedankenfürze haben ja meistens die Eigenschaft, dass sie nur im Kopf ihrer Besitzer logisch und vernünftig klingen.

»Emm – unter welchen Punkt der Liste würdest du diesen Gedanken so einordnen?«, frage ich nach, und Jenny rät frei heraus: »Problem?« Irgendetwas an meinem Gesichtsausdruck lässt Jenny noch mal die Liste durchgehen. »Katastrophenszenarien und Zukunftssorgen?«

»Würde ich auch sagen«, nicke ich und wir blättern gemeinsam zurück auf Seite 97. »Irgendetwas Nützliches für dich dabei?«, frage ich, und Jenny liest aufmerksam, bis sie innehält und laut vorliest:

Unglück lässt sich nicht abwenden, wenn wir uns nur genug Mühe geben und nichts übersehen. Wenn man aber akzeptiert, dass man keine Kontrolle hat über das, was kommt, dass die Zukunft ungewiss ist und dass man alles schon irgendwie wuppen wird (et hätt noch immer jot jejange), dann kann es unfassbar befreiend sein, sich zurückzulehnen, die Kontrolle abzugeben und sich zu ergeben. Diesem wilden, unvorhersehbaren und bunten Leben. Es ist, als ließe man die Schnur von einer der dunklen, großen Wolken los – und dann schwebt sie einfach davon.

»Das passt ja auf mich!«, sagt sie und sieht verwundert aus. »Und was machen wir jetzt?« Sie liest das Kapitel zu Ende, und was sie da liest, gefällt ihr gar nicht. »Ich soll an was Schönes denken? Mich einfach – ablenken? Aber damit löse ich doch das Ganze nicht! Muss ich mich nicht davon überzeugen, dass das nicht passiert? Ich kann doch nicht einfach nicht dran denken!« Jenny ist nahezu empört.

»Was meinst du denn, was passiert, wenn du dich nicht weiter darum kümmerst, um diese Idee, dass dein Freund irgendwann fremdgehen wird?«

Jenny sieht jetzt fast verzweifelt aus, »Keine Ahnung! Es stresst mich! Als ob dann was Schlimmes passieren wird!« Ich streichle ihren Arm und blättere mit ihr gemeinsam ein paar Seiten zurück:

… das Schwierigste ist, nicht auf den Alarm hereinzufallen, den unser Hirn veranstaltet und der da immer heißt:

*DARUM MUSST DU DICH JETZT KÜMMERN! WENN WIR UNS JETZT DARÜBER NICHT DEN KOPF ZERBRECHEN, PASSIERT ETWAS SCHLIMMES!*

Jenny lehnt sich zurück und verschränkt die Arme. »Das ist es? Man muss sich einfach nur trauen? Und an etwas anderes denken?«

»Sieht so aus«, zucke ich mit den Schultern, und damit sie noch eine Weile an etwas anderes denkt, gehen wir zusammen die Geranien umtopfen.

Seitdem haben wir viele Durchläufe gestartet. Man merkt ja erst, wie viel unnötiges, blödes Zeug einem im Hirn herumwabert, wenn man darauf achtgibt. Die Überwindung, einen unguten Gedanken, eine Sorge einfach bleiben zu lassen, ist inzwischen kleiner geworden – ich weiß, dass nichts Schlimmes passieren wird, wenn ich ihn davonschiebe, und auch im Schieben bin ich besser geworden.

Wer nicht immer wieder nachblättern will, hier ist eine Art Schnelldurchlauf.

Merke:

- Das Hirn unterscheidet nicht zwischen echten und erfundenen Problemen.
- Es passiert nichts Schlimmes, wenn man sich keinen Kopf macht.
- Wir können nicht nichts denken.
- Ablenkung ändert die physische Struktur des Gehirns.

## Um was handelt es sich?

### Erledigung?

Wenn es eine Erledigung ist:

- Verlagere es aus dem Kopf auf die Liste.

Und denk daran: Es kommt nie der Moment, wo alles zu Erledigende erledigt ist, deswegen muss man Zeit für die »Will-Sachen« einplanen!

Kommen immer wieder Zweifel hoch, ob eine Entscheidung in der Vergangenheit richtig war? Oder ob man nicht vielleicht mit einer anderen Entscheidung glücklicher geworden wäre? Dann frage nach:

- Vermisse ich etwas? Um was geht es?

Wenn du nichts vermisst, ist das Mittel der Wahl: Ablenkung!

## Vergangenes?

Holt dich Vergangenes immer wieder ein? Was du Blödes gesagt, getan oder angehabt hast?

- An vergangene Gespräche denken bereitet einen nicht auf zukünftige Gespräche vor.
- Was ist schon so dumm, dass man sich nicht dafür entschuldigen könnte?
- Wer sich Sorgen darum macht, wie er oder sie rüberkommt, gehört in der Regel nicht zu der Gruppe, die scheiße rüberkommt.

Das Mittel der Wahl: Ablenkung! Oder: ab auf den Grübelstuhl …

## Entscheidung?

Kannst du dich nicht entscheiden? Bedenke:

- Es ist ein Irrglaube, dass man nur genau genug darüber nachdenken muss, um auf die Lösung zu kommen.

- Hirn und Limbi müssen übereinstimmen, damit sich eine Entscheidung gut anfühlt.
- Benutze die Übung ab Seite 92, um Limbi zu verstehen und an den Reglern zu schrauben!
- Auch die Wahl, eine Entscheidung aufzuschieben, ist eine Entscheidung.

Wenn du dich entschieden hast – oder die Entscheidung aufgeschoben hast: Dann lass es auch gut sein und: Lenk dich ab.

## Katastrophenszenarien und Zukunftssorgen?

Oder geht es immer wieder mit Volldampf in Katastrophenszenarien und Zukunftssorgen?

- Unglück lässt sich nicht abwenden, wenn wir uns nur genug Mühe geben und nichts übersehen!
- Man rechnet immer mit dem Schlimmsten. Aber man rechnet nie mit den Engeln, die der Himmel schickt.

Was du tun kannst: Stell dir etwas Schönes vor! In deiner Vorstellung machst du vielleicht einen Gnadenhof für Zootiere auf, heiratest in Weiß oder liegst noch mal an diesem Traumstrand in Indonesien – oder heiratet in Weiß am Traumstrand umgeben von Zootieren … alles ist möglich.

… und lenk dich damit ab!

## Selbstzweifel?

Oder quälen dich Selbstzweifel?

Mach mal den Faktencheck:

- Was für reelle Gründe für diese Annahme gibt es?
- Welche Gründe gäbe es für die Annahme, dass du durchaus gut genug bist?
- Und frag doch mal bitte rum, wie andere das sehen.

… und dann lenk dich um Himmels willen ab!

## Problem?

Kann man es lösen, und wenn ja – will man das auch? Oder lässt man es lieber liegen – hopp oder top. In jedem Fall hilft es nicht, es hin und her zu wälzen. Problemlösung sieht anders aus, und wer sich nicht sicher ist, ob es sich um einen Grübelanfall handelt, ein paar Minuten weitergrübeln und sich selbst fragen:

- Bin ich einer Lösung näher gekommen?
- Habe ich etwas verstanden, was mir vorher nicht klar war?
- Fühle ich mich weniger depressiv?

Ist das alles nicht der Fall, ist man voll in die Grübelfalle getappt. Falls nicht: muss eine Entscheidung getroffen werden.

Was man tun kann: sich ablenken.

## Sinnfrage?

Sind es Sinnfragen, die dich grübeln lassen?

- Man kann sich zwar über-reden, aber nicht über-fühlen …

Frage dich: Deckt sich die Realität mit dem Leben, das du dir wünschst? Hast du ein Gefühl der Sinnhaftigkeit?

Sind hier vielleicht die Lebensfragen von Seite 160 bis 161 was für dich?

# Selbst gebastelte Rezepte zum Abkupfern!

Ist dir aufgefallen, wie oft da »ablenken« steht? Ablenken ist die Nummer 1, wenn es darum geht, das Grübeln zu stoppen. Hier noch mal die Ablenkungsmanöver, die wir bis jetzt kennengelernt haben:

- An was Schönes denken! Der Klassiker für abends im Bett …

- Sich auf die Sinne konzentrieren! Autogenes Training und so weiter. Den Körper spüren, das holt das Gehirn, das sich sonstwohin verrannt hat, in den Moment zurück.

- Laut »Stopp«! (oder »Sitz!«) sagen, wenn man bemerkt, dass man gerade grübelt.

- Die Grübelzeit auf fünf Minuten reduzieren oder auf eine bestimmte Zeit verschieben, zum Beispiel heute Abend um sieben: *Da grübel ich dann fünf Minuten. Und dann hör ich wieder auf!*

- Falls da eine Ameise ist …

So weit, so bekannt.

Ich habe hier aber noch eine vollkommen unkonventionelle Liste mit Ablenkungsmanövern, die allein auf persönlicher Erfahrung beruht (auf meiner und der von anderen), die höchst unwissenschaftlich ist und grandios funktioniert:

- Ich lasse mich hervorragend durch Musik ablenken!
- Und durch alles, was Social Media zu bieten hat! Im Ernst: Ich scrolle eine Viertelstunde durch Instagram, grinse über meine Lieblings-Comedians und dann ist die Sorge darüber, ob … oh wart mal: Was war das noch für eine Sorge?
- Telefonieren! Macht man ja fast nicht mehr. Bei anschwellenden Katastrophen im Hirn mal schnell Omi anrufen. Bringt einen völlig aus dem Takt!
- Die niedlichste Ablenkung der Welt: Kätzchen! Oder ein Hund. Oder mehrere! Im Ernst: Eine vergleichbar herzerwärmende Ablenkung bekommt man fast nirgends.
- Spazieren gehen und das Einmaleins aufsagen oder ein Gedicht.
- Geranien umtopfen.

Einen Trick habe ich noch, der wurde extra für L. nötig, über den ärgere ich mich nämlich deutlich zu oft, und wenn ich nicht höllisch aufpasse, wird da ein hübscher Groll draus. Er geht so: Das, was einen so ärgert, dreht man ins Gegenteil. Also zum Beispiel: Ich ärgere mich, dass L. so verantwortungslos ist. Wenn ich daran denke, werde ich sauer, mir kommen Situationen in den Sinn, in denen das so war, es wird finster, und eventuell, wenn ich ihn das nächste Mal sehe, bin ich nicht uneingeschränkt freundlich – außerdem bringt es mich schlecht drauf! Wenn ich das jetzt ins Gegenteil drehe, dann heißt es nicht mehr: L. ist verantwortungslos, sondern: L. ist so verantwortungsvoll, wie er kann.

Und mein Kind ist auch nicht begriffsstutzig in Mathe, sondern es tut, was es kann. Das ändert die Stimmung um 180 Grad!

Hier, ein Feld ganz für dich. Bestimmt ist dir bei meiner Liste eingefallen, was dich am besten ablenkt. Halte das hier fest:

# UND NUN?

Und nun – leg los! Die Seile mit den schwarzen Wolken daran zu kappen ist das Befreiendste, was man sich nur vorstellen kann. Ich bin noch nicht perfekt darin, aber es wird immer besser und immer öfter stehe ich morgens auf und bin – einfach so! – gut gelaunt. Ich habe noch nicht mal das Bedürfnis, mir reflexartig irgendetwas in Erinnerung zu rufen, was mich wieder runterbringt. Das Leben ist schön, wir haben unfassbares Glück und es hat überhaupt keinen Sinn, sich das alles selbst zu vermiesen. Wir haben viel weniger Kontrolle über unser Leben, als wir uns vormachen, und wir können uns darauf nicht vorbereiten, denn es kommt immer anders, als man denkt. Aber wir wuppen das schon. Et hätt noch immer jot jejange …

Wahres Glück, hat mal wer Schlaues gesagt, ist innere Ruhe, ein ruhiger Geist. Und damit hat er sehr recht. Und oft wenn man denkt, alles sei beschissen, ist es nur die Beziehung mit Hirni, die im Argen liegt.

Aber je besser wir verstehen, wie Hirni funktioniert und wie wir mit ihm umgehen müssen, desto harmonischer wird diese

Beziehung. So, als hätte man ein kleines Kind an der Hand, das permanent in irgendwelche Richtungen rennen möchte, weil ihm langweilig ist. Wir können es nicht ignorieren und wir sollten ihm weiß Gott nicht blind hinterherlaufen – und wenn wir sehen, dass uns die Richtung nicht gefällt, können wir es an der Hand nehmen und es mit einem »Schau mal eine Ameise« wieder zurückholen. Denn, und das ist das Wichtigste:

ES PASSIERT NICHTS SCHLIMMES,
WENN MAN SICH KEINEN KOPF MACHT!

Alles Liebe und toi, toi, toi,
eure Alexandra